『十三五』国家重点出版物出版规划项目

胡澱咸中国古史和古文字学研究 第四卷

胡澱咸古史研究

胡澱咸◎著

安徽师范大学出版社
· 芜湖 ·

图书在版编目(CIP)数据

胡澱咸古史研究 / 胡澱咸著 .—芜湖:安徽师范大学出版社, 2020.12
(胡澱咸中国古史和古文字学研究;第四卷)
ISBN 978-7-5676-4910-1

Ⅰ.①胡… Ⅱ.①胡… Ⅲ.①中国历史－古代史－研究 Ⅳ.①K220.7

中国版本图书馆CIP数据核字(2020)第269032号

胡澱咸中国古史和古文字学研究:第四卷
胡澱咸古史研究　胡澱咸◎著
HUDIANXIAN GUSHI YANJIU

总 策 划:张奇才
责任编辑:孙新文　翟自成　　责任校对:牛　佳
装帧设计:张　玲　桑国磊　王晴晴　　责任印制:桑国磊
出版发行:安徽师范大学出版社
芜湖市北京东路1号安徽师范大学赭山校区　邮政编码:241000
网　　址:http://www.ahnupress.com
发 行 部:0553-5910315　5910327　5910310(传真)
印　　刷:安徽联众印刷有限公司
版　　次:2020年12月第1版
印　　次:2020年12月第1次印刷
规　　格:787 mm × 1092 mm　1/16
印　　张:17.25
字　　数:193千字
书　　号:ISBN 978-7-5676-4910-1
定　　价:260.00元

目录

试论殷代用铁

铁的使用是一个民族历史上划时代的大事，是社会发展的一个标志。我国什么时候开始用铁，殷墟时代用什么工具，这是我国古代史上重要的问题。这两个问题如能解决，对我国古代历史的研究是有重要的意义的。我对这个问题没有作过什么研究，这里我只略说一说我的一些粗浅的想法。

这个问题不少学者曾研究过，大家的意见始终未能一致，材料缺乏自然是个重要的原因，但在方法上是不是也有问题？学者们对这个问题的研究主要是根据先秦的文献记载和考古出土的器物来推测的。古代文献对我国何时始用铁没有明确的记载，只能根据涉及铁的记载推测。例如，昭公九年左传：晋赵鞅、荀寅『赋晋国一鼓铁以铸刑鼎』。国语齐语：『美金以铸剑戟，试诸狗马；恶金以铸鉏夷斤斸，试诸土壤。』尚书禹贡：梁州『贡镠铁银砮镂磬』。史记周本纪：『击以剑，斩以玄钺』，集解引宋忠说：『玄钺用铁。』这些都是学者常用的材料。根据这些记载，有人认为西周已经用铁，有人认为春秋才开始用铁。根据考古出土的器物，是看哪些文化遗址出土了什么器物。殷和西周的文化遗址和墓葬只发现有石器和青铜器，没有发现铁器，发现有铁器最早者是春秋晚期的文化遗址。因此，他们认为我国开始用铁当在春秋中叶以后。

这样研究是不容易得到正确的结论的。根据先秦文献记载，材料已经很少，作为论据就不十分充分。而对这些记载的看法又各有不同，孰是孰非，难以确定。单从考古出土的铁器来断定我国开始用铁的时间，更不合理。这是脱离历史，脱离社会和文化的发展，孤立地谈铁器，这无异说看到的就存在，没有看到的就不存在。这怎么能说得过去呢？怎么知道现在发现的春秋晚期的铁器就是我国最早的铁器，以后就不能再发现比此更早的铁器呢？

我想从另一个角度来研究这个问题。马克思说：『要认识已经灭亡的动物的身体组织，必须研究遗骨的构造，要判别已经灭亡的社会经济形态，研究劳动手段的遗物，有相同的重要性。划分经济时期的事情，不是作了什么，而是怎样作，用什么劳动手段作。劳动手段不仅是人类劳动力发展程度的测量器，而且是劳动所在的社会关系的指示物。』（资本论第1卷，人民出版社1956年版，第194—195页）劳动手段就是生产工具。考古学不仅要研究出土了什么文物，而且要研究这些文物是怎样制作的，用什么生产工具制作的。殷代的文化遗址和墓葬出土的许多文化遗物，它是社会经济的反映，是用一定的与之相应的生产工具制作出来的。对这许多文化遗物，我们应作全面的考察，从生产劳动的实际分析推考，这些器物应该是用什么生产工具制作的，应该用什么样的生产工具才能制造出来；有些生产劳动应该用什么工具才能进行；什么样的器物应该用什么工具才能制造。这样，我觉得殷代用什么工具是可以推见的。

我们试先说一说手工业生产工具。

安阳殷墟出土许多甲骨，这些甲骨在用以占卜之前，须先要整治，要将四边锯削得很整齐，要锉平，要刮光。占卜时要凿、要钻。有的骨料上还有锯和锉的痕迹①。卜后要刻辞。1955年，安阳殷墟出土许多做骨簪帽的骨料，其中有不少半成品。据发掘报告说，从这些骨料可以看出制作骨簪帽的程序。『首先是在选定的一条骨板上，作出一面伸出的一段，并钻出中间的圆洞和两侧的穿孔。这样在一个骨料上制造出许多个，然后分别锯开，再进行粗磨细即成簪帽。』②河北邢台曹演庄出土许多骨料。报告说：『上面有显著的截、锯、刮、削等痕迹。』③根据这些情况，当时所用的手工业工具必已有锯、斧、凿、锉、钻、刻刀等。

这些手工业工具是用什么制造的？是石、青铜还是铁？龟甲和牛马骨都是很坚硬的。要将这些甲骨锯断、截断，在上面凿洞、钻孔、刻字，所使用的工具不仅其硬度要超过甲骨，而且还必须要能做成锋利的刃口。这样的工具石显然是做不成的。青铜硬度不大，又很脆，容易弯曲折断，也是不能用以制造锯凿等工具的。尤其锯必不能用青铜制造。这些工具必须是铁制的才行。

出土的殷代文物有很多骨器、象牙器、玉器、石器、木器。有许多是雕刻物。这些雕刻物

①参看董作宾：商代龟卜之推测，安阳发掘报告第一期；石璋如：殷墟最近之重要发现，中国考古学报第二册。
②河南省文化局文物工作队第一队：1955年秋安阳小屯殷墟的发掘，考古学报1958年第3期。
③河北省文物管理委员会：邢台曹演庄遗址发掘报告，考古学报1958年第4期。

制作精美，雕刻有浮雕、透雕、立体雕刻，有嵌饰。有的技术很复杂，艺术性很高。这许多雕刻物是用什么工具雕刻的？石器决不可能。青铜工具可能不可能？也不可能。这里我们引考古学者和内行人的话来看。新中国成立前，安阳殷墟出土许多雕花的骨器。考古学者说：『有些器物的纹饰细如发丝，非有很锋利的工具不易做效。』[①]1975—1976年，安阳殷墟五号墓（妇好墓）出土大量玉器，有人形和各种鸟兽虫鱼的雕刻。在关于这座墓的座谈会上，北京玉器厂的师傅说：『首先，大批形象琢制相当生动的虎、象、猴、鹰、鸮、螳螂等圆雕动物以及一些圆雕人物作品的出现，使琢玉工艺从平面雕发展到圆雕，这并不是一个简单的过程。它需要作者具有一定的立体造型能力，而且对玉料性质的认识要有更丰富的知识和经验。另外也还需要琢玉工具有相应的发展。不然，是不大可能琢造型比较复杂，形象优美，生动的圆雕玉制品来的。』[②]1975年，河南偃师二里头出土一批『艺术水平很高』的玉器。其中有一件玉柄饰尤其精美。北京玉器厂的老工人师傅评价这件玉器制作技术说：『它综合了研磨、削切、勾线、阴刻、阳刻、浮雕、钻孔、抛光等多种琢刻。』在当时『是一个很了不起的技术成就』。上面所刻的线刻花纹，工人师傅们说：『单靠当时已有的青铜刀子是绝对刻不来这种线纹来的。』[③]北京玉器厂的工人师傅们是制作玉器的内行，是专门技术家，他们的话总是可信的。当时制作玉器

①石璋如：殷墟最近之重要发现，中国考古学报第二册。『做效』二字是原文，当有误。
②安阳殷墟五号墓座谈纪要，考古1977年第5期。
③中国科学院考古研究所二里头工作队：偃师二里头遗址新发现的铜器和玉器，考古1976年第4期。

所使用的工具必不是青铜的。青铜的刀不能刻玉，自也不能刻石。这些骨、玉、石雕刻物的制作非是用铁工具不可。有人说这些雕刻物是磨出来的。这是不正确的，不符合常理。磨可以将骨、石、玉磨平磨光，可以将骨石磨得有比较锐利的锋刃，但立体雕刻是磨不成的。还有许多骨器、象牙器和玉器上雕刻的精美复杂的花纹及嵌饰也决不是磨所能做得到的。

出土的殷代遗物还有许多木制的东西。殷代墓葬里发现木椁。湖北黄陂盘龙城殷墓里发现木椁板，上面有『精细的雕花』①。安阳后岗墓葬里也发现雕花板灰②。这些雕花木椁的做成要经过几道工序：一要将木料锯成同样长短；二要锯成板；三要刨平刨光；四要雕花；五要做成椁的形状。木板交叉处要用榫衔接，必须要打眼做榫。这里所用的工具必定要有锯、斧、刨、凿、刻刀等。这些木工非是青铜工具所能做到的。这些工具必须是铁的。

安阳殷墟发现有车马坑③。其中埋葬有车及马。车传说是夏代奚仲发明的。说文云：『车，舆轮之总名，夏后时奚仲所造。』甲骨文也有『车』字。车早在殷墟以前就发明了。考工记云：『一器而工聚焉者车为多。』制造车和作一般简单的器物不同，技术已相当复杂，技艺要求也相当高。它已有算术、几何及力学的原理。一辆车有轮、毂、辐、辋、舆等部分。车有两个基本

①湖北省博物馆、北京大学考古专业：盘龙城1974年度田野考古纪要，文物1976年第2期。

②1971年安阳后岗发掘报告，考古1972年第3期。

③马得志等：一九五三年安阳大司空村发掘报告，考古学报第九册；中国科学院考古研究所安阳工作队：1969—1977年殷墟西区墓葬发掘报告，考古学报1979年第1期。

要求：一是牢固，一是行走迅速灵活。即墨子所谓『全固轻利，可以任重致远』[①]。车要牢固，轮、毂、辐等部分必须都非常坚固才行。车要行走迅速，首先车轮必须要非常圆，其次毂必须运转非常灵活，否则是行不快的。车轮要做得很圆，单凭手做是不可能的。我疑当时的木工已经和后世的木工一样，知道径一周三的原理。我疑当时手工工人已使用圆规画圆。我们看到许多出土的玉瑗和玉环，不仅制作得很圆，而且还是同心圆。这不懂得圆心、半径和圆周的关系及用圆规画圆，也是绝对做不出来的。车还要求各部分尺寸大小都有一定的规格。例如轮必须按车辆的用途而定大小，不能过高，也不能过低。辕的长短要与马的大小相配合。制造车辆需要这样复杂而又进步的技术，所使用的仍是青铜工具，怎么能令人相信呢？！

在安阳殷墟、偃师二里头、郑州二里岗、湖北黄陂盘龙城、河北藁城台西村的殷商文化遗址中都发现宫殿或房屋的遗迹。甲骨文也有『宫』『宗』『家』『室』『寝』『宅』等字。卜辞有『太室』（佚九二〇，前一、三六，二），『南室』（甲三五四二），『血室』（铁五〇、一，一七六、四），『司室』（清晖一〇二）。从这种情形看，殷代的建筑已相当进步。从出土的殷代宫殿房屋遗迹看，当时的建筑已是木结构的房屋。安阳殷墟、偃师二里头、郑州二里岗、黄陂盘龙城殷代宫殿遗址都发现有许多柱洞。这都是建筑立柱的。这些建筑除木柱以外，必还有木梁、木桁、木椽等等。这种木结构建筑的间架都是木料建造起来的。木料砍伐下来，要按照所需要

①墨子辞过篇云：『其为舟车也，全固轻利，可以任重致远。』

的长短锯断，要按照所需要的大小粗细劈削，相接之处要做榫，使之衔接牢固等等。这样大而又复杂的建筑，用青铜工具是决做不到的。这非用铁器不可。

我们再看农器。

殷代的社会经济已是以农业为基础，这也就是说，当时主要的生产已是农业。农业生产劳动最主要的是耕耘、种植，也就是掘地、翻土、平地、栽种、除草等等。殷代用什么农器呢？掘地、起土、种植、除草农器的形式不外乎三种：一是直刺的，如锹；一是横掘的，如锄；一是用牲畜拉曳的，如犁。这三种形式的农器，我看殷代都已有了。

甲骨文有『』字。这个字即是『𢦏』字。卜辞用为灾祸字，这乃是假借。后世演变为『烖』字。这个字我以为乃『栽』字的初字，本义为栽植、栽种。卜辞有云：『□卜□令多农𢦏𢦏。』（前四、十、三）这里『𢦏』义非是栽植栽种不可。『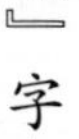』字本义为栽植、栽种，字从『』从『』。『』即『才』字。唐兰说『』即是臿[1]，是工具。我以为这不是工具之臿，而是栽插之插，是个动词。『▽』是表示刃向下的意思，『|』直画中贯，是表示用臿刺地之意。『』有横柄，当是锄一类的农器。『』从『』从『』盖是表示用『』栽种。由这个字我们可以看到殷代必已有臿和锄[2]。安阳大司空村3号墓和洛阳东郊下瑶村159号墓都发现铜

①见天壤阁甲骨文存。
②详拙作释𢦏才甾。

铲[1]。这两件铜铲形式相同，都是长方形，有柄銎可以装柄。这种铜铲的形式和后世锹的形式已差不多了。可知殷代确已有锹臿一类的农器了。甲骨文又有『』字。这是『戋』字，也是『残』字的初文。我以为这也是『刬』和『钱』字的初字。『刬』是『铲』字的古文。玄应一切经音义云：『刬古文铲。』说文云：『钱，铫也，古田器。』由此也可知『』是锄一类的农器[2]。甲骨文还有『』字，我以为是『耰』字的初字，是象人曳锄之形[3]。这又可以推知殷代已有锄。殷代已用犁耕，甲骨文有『』字，董作宾、郭老、胡厚宣先生都谓是『犁』字的初文，是象以犁起土之形。可知殷代也已用犁。

殷代农器已经有臿、锄和犁。这些农器是用什么制造的？是石？是青铜？还是铁？现在有些学者说殷代农业生产所使用的仍旧是木石工具。农业劳动主要的是掘地、翻土、平土。工具坚硬锋利才能刺入土中，掘地翻土，如不坚硬而又有韧性是容易弯曲乃至折断的。石无论怎样磨，不能磨得像金属制造的那样薄和锋利，总是比较厚和钝的。它只能刮去表面的土，不能深入土中。这只要稍有农业劳动经验就可以知道。木更不能掘地，它仅可以削尖，将地锥个小洞。这只有最原始的农业，还没有农器的时候才这样种地。青铜不能做农器，大多学者已经公

①见郭宝钧、林寿晋：一九五二年秋季洛阳东郊发掘报告，考古学报第九期。
②详拙作释戋。
③详拙作释耰。

认。因为青铜硬度不够，又脆，容易弯折。同时，农器使用很广的，农民种田，人人都要有锹、锄等农器，古代青铜是贵金属，青铜器称为宝器，后来还作为货贝。这样贵重的金属是不会大量用来作农器的。所以殷代臿、锄、犁这些农器必定是铁制的。

殷代农业怎样耕作，土地是否已作成陇亩，不能确知。甲骨文有『田』字。说文云：『田，陈也，树谷曰田，象四口，十阡陌之制也。』甲骨文『田』字有『田』『[illegible]』『[illegible]』等几种形状。从『田』字的字形看，当时耕种的土地已不是漫然一片，而是已有划分，田与田之间已有阡陌。甲骨文又有『畕』（库方四九二）及『疆』（后下四、七）字。说文云：『畕，比田也，从二田。』又云：『疆，界也，从畕，三其界画也。疆，畺或从疆土。』这更可以证明殷代田与田之间已有疆界。这些田间阡陌疆界不是少量的，而是在广大的田地上普遍存在的。这样大量的田间的疆界木石工具显然是不可能修成的。这只有用铁锹铁锄才行。

殷代不仅有农田，也开辟山林了。这由『农』字就可以推知。『农』字甲骨文作『辳』及『[illegible]』。说文云：『农，耕也。辳亦古文农。』『农』字从『林』。桂馥说：『从林者，耕治荒地，先除木楚，所以起山林也。』从字形看，『辳』和『[illegible]』本义非是斫伐森林，开辟山地为耕地不可。由此可知，当『辳』这个字创造的时候，就必已开辟山林为耕种的土地了。马克思摩尔根古代社会一书摘要说：『铁的生产提供了装有铁犁铧的犁以及更优良的锹和斧。赖有这种工具，便从以前的园艺中产生了大面积农耕，从而第一次（保证了）数量无限的食物。借畜力牵引的犁，因此便产生了开拓森林和耕种广大土地的思想。』恩格斯在家庭、私有制和国家的起源里说：『我们也看到清除森林使之为耕地和牧场，如果没有铁斧和铁锹，也不可能大规模进行的。』开辟山林为耕地，只有在有了铁锹、铁斧、铁犁以后才有这种可能，则当『蕽』字创造的时候，就已用铁农器。殷代已经用铁，是很明显的。

考古发掘，发掘了很多殷代的文化遗址和墓葬，发现有宫殿和房屋建筑，发现有水井、地下水沟、窖穴；还发现有城墙。这些工程都需要挖土、取土、填土、平土等等。这些劳动应该是用什么工具？这里我们只举墓葬、房屋建筑和城墙来说一说。

这里只举几座大墓来说。1934—1935年，安阳侯家庄西北冈发现许多殷代的大小墓葬。据发掘报告说：『最大者占面积约一千二百方公尺。……大墓则深十公尺上下，有深入水中尚未到底者。』[①]1950年，在安阳武官村发现一座大墓。据报告说，这座墓墓室南北长14公尺，东西宽12公尺，深8公尺以上。室南北各有一墓道[②]。1975到1976年，在安阳发掘了五号墓（妇好墓）。据报告说，这座墓墓口长5.6米，宽4米，深7米。墓内挖有壁龛，二层台[③]。这样大的墓，挖掘和用的土是很可观的，木石的工具显然是做不到的。同时，土愈深愈结实，愈坚硬，大墓深达七八公尺乃至十公尺以上，木石工具是绝对挖不动的。这非是用铁器不可。

①石璋如：殷墟最近之重要发现，中国考古学报第二册。
②中国科学院殷墟调查发掘组工作概况，文物参考资料1950年1—6期。
③中国科学院考古研究所安阳工作队：安阳殷墟五号墓的发掘，考古学报1977年第2期。

殷代的房屋都是建筑在台基上。建造房屋，先要筑台基，即将建造房屋所用的地基地面挖去一层，然后填上新土，高出地面，夯结实。台基筑好后，再挖柱洞，为立柱之用。再次要筑墙。筑墙先要筑墙基，从墙基上再筑墙。据考古学者研究，殷代早期，墙是木骨泥墙，中期是夯土墙，晚期普遍用夯土或土坯作墙。这样建造房屋，挖土，用土量也是相当可观的。据发掘报告说，偃师二里头宫殿单单台基面积就有『约10000平方米，最厚处在3米以上，用土量最少是20000立方』[1]。这座宫殿全部工程的用土量更不止此。这样大量地掘土用土，也决不是木石工具所能做到的，这也必定是用铁器。偃师二里头文化，学者说是商代早期的，有的学者还说是夏文化。据此，早在殷墟时代以前就已用铁了。

郑州和湖北黄陂盘龙城都发现殷代的城墙遗址。盘龙城的『古城南北约290米，东西约200米』，是夯土筑成的。『其内侧筑出层层斜行的夯土。』[2]郑州商城『城墙周长约七千一百九十五米』[3]，也是夯土筑成的。城墙现在『最高者约9.10米，城基宽者为36米』[4]。这是一座相当大的城。据考古学者估计，这座城墙全部所需的土方，『要挖原土约2878000立方』[5]。这样巨大的

①中国科学院考古研究所二里头工作队：河南偃师二里头早商宫殿遗址发掘简报，考古1974年第4期。

②湖北省博物馆、北京大学考古专业盘龙城发掘队：盘龙城1974年田野考古纪要，文物1976年第2期。

③安金槐：试论郑州商城遗址——隞都，文物1961年第4—6期合刊。

④安金槐：试论郑州商城遗址——隞都，文物1961年第4—6期合刊。

⑤安金槐：试论郑州商城遗址——隞都，文物1961年第4—6期合刊。

土方工程，用石工具来建筑，是无法想象的。考古学者曾有人作过试验，认为如用青铜镢和石斧掘土，每天用10000个劳动力参加工作，这座城『就需要约十八年的时间才能建成』①。试问这样多的人集中在一起，用这样长久的时间来建筑一座城，在当时的条件下能做得到吗？可以肯定地说，是不可能的。甲骨文有『邑』字，说文云：『邑，国也，从口……从卩。』『邑』字是表示人住在城堡之内，卜辞有『作邑』：

『庚午卜，丙贞，王作邑，帝若。』（乙六七五〇）

『（缺）王作邑，帝若。』（后下十六、十七）

这是武丁时的卜辞，据此，武丁时曾筑城墙。甲骨文又有『口』字，卜辞有『出口』（乙六六九二），『伊口』（明续四九七），此字我以为即说文之『口』字。说文云：『口，回也，象回币之形。』这当是像城墙围绕之形。卜辞有云：

『庚申卜，争贞，作大口。』（粹一七二）

『作大口』即作大城。甲骨文还有『𩫖』字。说文云：『𩫖，度也，民所度居也，从回，象城𩫖之重两亭相对也。』说文又以『𩫖』为『墉』字的古文。殷代城墙建筑似已相当普遍了。按照马克思主义的观点，城墙的建筑也只有在铁工具使用以后才出现的。因为铁工具使用以后，生产力提高了，部族与部族之间的相互掠夺和战争便日益频繁，于是便建筑城墙以为防守。反

①安金槐：试论郑州商城遗址——隞都，文物1961年第4—6期合刊。

过来，这也可以证明殷代必已用铁。发掘郑州商城的考古学者说，他们曾作了一个试验。『用铜镢每小时可挖原土0.03立方米，用石斧每小时可挖土0.02立方米。』[①]照这样的劳动情况，一个人用石器劳动，每天即使工作12小时，也不过挖土0.24立方米，效率这样低的农器怎么能用以种田呢？！

1973年，河北藁城县台西村出土一件殷代的铁刃铜钺[②]。1977年，北京市平谷县刘家河村也出土一件同样的钺[③]。这在实物上证明殷代已经用铁。这两件铜钺的铁刃是什么铁，学者的意见还不一致。有人认为是熟铁[④]。有人认为是陨铁[⑤]。按照前一种意见，殷代已知道冶炼铁。按照后一种说法，认为殷代还不知道冶炼铁，也就是不承认殷代已使用铁工具。河北省文管处台西发掘小组的同志们认为铜钺以铁为刃，其目的是为要更有效地杀伤人。当时人在铜钺上加上铁刃，说明『当时劳动人民从实践中已经对这种金属的性能有了一定程度的理解，至少是已经初

①安金槐：试论郑州商城遗址——隞都，文物1961年第4—6期合刊。

②河北省博物馆、文物管理处：河北藁城台西村的商代遗址，考古1973年第5期。

③北京市文物管理处：北京市平谷县发现商代墓葬，文物1977年第11期。

④河北藁城台西村的商代遗址附录：冶金工业部钢铁研究院试验报告，考古1973年第5期；河北省博物馆、河北省文管处台西发掘小组：河北藁城台西村商代遗址1973年的重要发现，文物1974年第8期。

⑤河北省博物馆、文物管理处：河北藁城台西村的商代遗址附录夏鼐读后记，考古1973年第5期；黄展岳：关于中国开始用铁和使用铁器的问题，文物1976年第8期；叶史：藁村商代铁刃铜钺及其意义，文物1976年第11期；李众：关于藁城商代铜钺铁刃的分析，考古学报1976年第2期。

步认识以铁为刃比青铜更为锋利。」[1]我们同意这种见解，这种推断是合理的。我们要再问：他们这种知识由何而来呢？这必在此以前已知道冶铁，已知道用铁。在冶铁和用铁器的实践中认识到铁有这种性能。藁城和平谷铜钺的铁刃都是锻制的，先锻制成刃，然后再浇铸到铜钺上。1931年，在河南濬县辛村也发现一件铁刃铜钺。这件铁刃铜钺是西周初期的。铁刃也是锻后装上去的。藁城、平谷、濬县在不同的地方，不同的时间，而有相同的技术，这必不能说是偶然的，也必不是彼此之间互相学习的。这种技术当时已相当普遍地使用，因而在不同的地方，不同的时间有相同的技术。在藁城台西村还发现残铁渣十几块。经冶金部钢铁研究院用X光衍射分析，是Fe_3O_4及$FePO_4$[2]。作为陨铁特征的镍这里没有。据此，则这些残铁渣应不是陨铁而是冶炼的铁。这些残铁渣与铁刃铜钺同出一地，似不能不承认铜钺的铁刃也是人工冶炼的铁。

甲骨文有「[illegible]」字，郭老释「铁」[3]。这个字我也以为是「铁」的初字。铜器有[illegible]者钟、[illegible]者鼎和戜者簋。三者是一人之器，而字形有[illegible]、[illegible]、戜三种形状。从字形看，很清楚，戜是由[illegible]演变的。「戜」与「铁」字的或体「铁」字所从之「戜」相同。所以「[illegible]」释「铁」是可以的[4]。但在卜辞里还不能证明「[illegible]」义为铁。路史国名纪殷后有铁国。甲骨文有「铁」字，殷代

①河北省博物馆、河北省文管处台西发掘小组：河北藁城县台西村商代遗址1973年的重要发现，文物1974年第8期。
②河北省博物馆、河北省文管处台西发掘小组：河北藁城县台西村商代遗址1973年的重要发现，文物1974年第8期。
③希望有更多的古代铁器出土，人民日报1956年9月8日。
④详拙作释戠。

已以『铁』为地名，由此推测，殷代可能已用铁。

说文又说『铁』字古文作『銕』。段玉裁说：『按夷盖弟之讹也。』[1]墨子备城门：『五筑有锑。』孙诒让说：『锑疑作銕，銕即夷也。』[2]据此，『銕』字当原作『锑』。按玉篇云：『厗，唐厗石，又古文锑文。』据此，则『锑』，也即是『銕，古文作「厗」』。说文云：『厗，唐厗石也，从厂，屖省声。』『厗』乃是『屖』之省。『屖』字甲骨文作『』或『』。『屖』当是『銕』字的本字。『厗』是唐厗石，应即是铁矿石。艺术丛编（第17册）著录铁苗一件，题为『唐銕石』，更足证『厗』当是『銕』。『厗』即是『銕』字，则殷代当已用铁[3]。

说文云：『鏤，刚铁也。』甲骨文有『卯』字，学者以为『刘』字的初文。我以为这个字也是『鏤』字的本字。在古书里，『卯』『刘』『娄』可以通用。如『昴』『罶』『罜』是一个字，『貙刘』又作『貙膢』。汉娄敬汉高祖赐他姓刘。史记刘敬列传云：『娄者乃刘也，赐姓刘氏。』照史记这句话讲，『刘』和『娄』即是一个字。又墨子鲁问篇：『刘三寸之木，而任五十石之重。』『刘』义更与『娄』相同。从这种情况看，『鏤』当是『卯』字的后起字。『卯』是『鏤』字的本字，义也当为铁。说文有『卝』字，谓是古文『磺』字。说文云：『磺，铜铁朴石也。卝

①说文解字段注。
②墨子闲诂。
③详拙作释厗。

古文磺，周礼有卝人。』『卝』与『卯』形极相近，义又与『镂』相同，疑即『卯』字之讹。如这种推测不误，更足证『卯』即『镂』字的本字，义为铁及铁矿石。殷代已用铁又由此可见①。

有些考古学者认为殷和西周时代的生产工具还是石器。从发掘报告看，出土的殷代的石生产工具有石斧、石凿、石锛、石刀、石钻、石铲、石镰。我们说主要的生产工具应是指当时主要生产所使用的工具。殷周时代的生产主要是农业，主要的生产工具应是农器。在上举的几种生产工具中，只有石铲和石镰是农器。农业生产主要的农器是锹、锄、犁，而不是铲和镰。这几种农器在出土的生产工具中都没有发现。如果当时的农业生产工具是石器，那为什么这些主要的农器看不到呢？这只有一个理由，即当时没有这种农器。再者，石铲和石镰能够种田吗？是不可能的。学者认为石镰是收割用的工具。其实，收割的镰刀必须要有很锋利的刃，石是不能磨成这样锋利的刃的。用石镰割麦或其他的农作物，其效果还不如用手拔。由这种情况看，殷代的农器必不是石器。

至于西周，出土的石工具也只有石斧、石凿、石锛、石刀、石铲、石镰。有的文化遗址和墓葬，只有极少的石工具，有的甚至石工具都没有，如河南濬县辛村，陕西扶风召李村，北京昌平白浮，河南新郑唐户，陕西宝鸡市茹家庄，陕西扶风贺家村都没有发现石生产工具。这种现象怎样解释呢？这当是西周时代石工具已趋于消灭了。殷代主要的农器不见有石制的，西周

①详拙作释卯。

时代石器已趋于消灭，说这时候还是用石器生产，怎么能说得过去呢？！

一个民族什么时候开始用铁及铁器使用以后对社会发展所产生的重要作用，马克思主义历史科学有明确的论述。恩格斯在家庭、私有制和国家的起源里说：『野蛮高级阶段，从铁矿的冶炼开始，并由于文字的发明及其应用于文献记录而过渡到文明时代。』（马克思恩格斯选集第四卷，第21页）又说：『下一步把我们引向野蛮高级阶段，一切文化民族都在这个时期经历自己的英雄时代，铁剑时代，但同时也是铁犁和铁斧时代。』（同上第159页）恩格斯在这里说得非常明白，非常肯定，铁的冶炼是在野蛮高级阶段之初开始的，它是一个民族社会发展进入野蛮高级阶段的标志。冶铁发明以后，经过一个野蛮高级阶段，也即一个民族的英雄时代，然后因文字的发明使用而进入文明时代。这也就是说铁的发明和使用是早在文字发明以前。恩格斯所说的是人类历史发展的共同规律。历史上一切文明民族的历史发展都要经历这样一个野蛮高级阶段，中国自也不能例外。中国的野蛮高级阶段，中国的英雄时代是在什么时候呢？无疑是在殷墟时代以前，因为殷墟时代已有文字和文字记载，已是文明时代。据此，中国开始用铁应早在殷墟时代以前。殷墟时代已经用铁是很明显的。

有的学者说殷代、西周乃至春秋时代，生产工具还是石器。这在实际生产劳动上讲不过去，在理论上也无论如何是讲不通的。按照历史唯物主义的理论，社会的发展，经济是基础，生产关系是与生产力相适应的。石器时代，生产工具是石器，生产力很低。当时社会组织是以血缘为纽带的氏族社会，没有阶级。铁器使用以后，生产力提高了，生产发展了，于是社会也发生变化，原始氏族社会逐渐解体，发展到有阶级的社会。殷代已是奴隶社会，已有了国家。如这时期生产工具还是石器，则奴隶社会乃至封建社会的生产力与原始社会时期一样，或者相差有限。若照这样说，则由原始社会发展到奴隶社会可以不需要生产力有什么发展了。那就等于说社会发展与生产力没有什么关系，生产关系不一定与生产力相适应。这能说得过去吗？

文化也是与经济密切相关的，也是生产力的反映。殷代、西周和春秋都已进入文明时代，殷代文化已很高，西周和春秋时代文化更高。这样高度的文化，原始的石生产工具能创造出来吗？如果说原始的石生产工具也能创造高度文化，那文化与经济及生产力也没有关系了？那也就等于说石器时代也可以有高度文化，石器时代也可以是文明时代。能有此理吗？以殷代、西周乃至春秋的生产工具还是石器，显然是不符合历史唯物主义的理论的。

不论从哪方面看，我认为殷代非是用铁不可。

1979年9月18日于芜湖赭山

原载《安徽师大学报(哲学社会科学版)》1979年第4期，第83—91页

说商亳

商始祖契的封地——商在什么地方，汉晋学者郑玄说：『在太华之阳』，皇甫谧说即『今上洛商』[1]。宋忠说：『相土就契封于商。』[2]依宋忠之说，契之封地即相土所居之商丘。后世学者不少人依从前说[3]。近代王国维依从后说，并谓商丘即今河南省之商丘[4]。现在有些人都依从王说。这两种说法我觉得都难令人首肯。前说大多是说经者相沿为说，无有力的佐证。王国维之说也失未深考。

据宋忠所说，商契始封之地即阏伯所居之商丘。但商丘在何处，他没有说明。襄公九年左传：『陶唐氏之火正阏伯居商丘，祀大火而火纪时焉。相土因之。』相土所居之商即阏伯所居之商丘。关于阏伯所居商丘的地望，汉晋学者解释不一。班固[5]、郑玄[6]、杜预、司马彪[7]都说在睢

①史记殷本纪集解引。
②史记殷本纪集解引。
③如宋王应麟诗地理考、清孙星衍尚书今古文注疏等都主此说。
④说商，观堂集林卷12。
⑤见汉书地理志。
⑥见诗商颂谱。
⑦见后汉书郡国志。

阳，即今河南之商丘。皇甫谧、郦道元谓在濮阳，贾逵谓在『漳南』①。

襄公九年左传杜预注云：

『阏伯，高辛氏之子。传曰：迁阏伯于商丘，主辰。辰，大火也，今为宋星，然则商丘在宋也。』

正义云：

『春秋释例云：宋、商、商丘三地一名，梁国睢阳县也。传曰：陶唐氏之火正阏伯居商丘，祀大火。又曰：宋，大辰之墟也，则商丘在宋。或以为漳南之殷墟为商丘，非也。是由商丘所在不明，故释例与此注俱以阏伯明之。』

很明显，杜预之说只是一种推测。这乃是由晋士弱的话而推想的。鲁襄公九年，宋发生大火，晋悼公问士弱：『宋国大火，为什么由此而知天道？』士弱说：『陶唐氏之火正阏伯居商丘，祀大火而纪时焉。相土因之，故商主大火。商人阅其祸败之衅，必始于火，是以曰知其有天道。』这显然是附会之辞。由宋大火而附会是因阏伯为陶唐氏之火正，杜预又由此而推想阏伯所居之商丘在宋。这种附会想象之辞，自不足为据的。

再者，如商丘在宋，则宋这个地方应原名为商丘。但我们看，其地原实不名为商丘。史记宋微子世家云：『乃命微子开代殷后，奉其先祀，作微子之命以申之，国于宋。』集解云：『驷

①史记郑世家集解引。

案：世本曰，宋更名睢阳。』可知微子未封之前，睢阳实原名宋，而不是名商或商丘。由此也可知商或商丘必不在宋。

皇甫谧和郦道元说阏伯和相土所居之商丘在濮阳。帝王世纪引世本云：『相土从商丘，本颛顼之墟。』①

水经注瓠子河云：

『河水旧东决，迳濮阳城东北，故卫也，帝颛顼之墟。昔颛顼自穷桑徙此，号曰商丘，或谓之帝丘。本陶唐氏火正阏伯之所居，亦夏伯昆吾之都。殷相土又都之。故春秋传曰：阏伯居商丘，相土因之是也。』

近时岑仲勉也从此说，谓濮阳之商丘为相土之东都②，此说也不正确。

按濮阳古称帝丘。僖公三十一年春秋经云：『狄围卫，十有二月，卫迁于帝丘。』汉书地理志云：『濮阳，卫成公自楚丘徙此。故帝丘，颛顼墟。』又云：『卫本国既为狄所灭，文公徙楚丘。三十余年，子成公徙于帝丘。』故春秋经曰：『卫迁于帝丘，今之濮阳是也，本颛顼之墟，故谓之帝丘。夏后之世，昆吾氏居之。』

卜辞有『帝启』，『于帝启，又雨』（甲七七九）。『帝启』当就是帝丘。帝丘这个地名看来确

①太平御览卷155引。
②黄河变迁史。

起源很早。顾名思义，必有为帝者曾居其地，传说因颛顼居其地而得名，也许可依。其地直到春秋时代犹保存其旧时的名称。卜辞又有『商丘』和『丘商』，应就是商丘。据此，殷时商丘和帝丘乃是两地而不是一地。皇甫谧和郦道元谓商丘与帝丘为一地，显然是错的。

这个错误就是皇甫谧造成的。他错误地以夏帝相也曾徙居商丘。史记夏本纪集解引帝王世纪云：『帝相徙于商丘，依同姓诸侯斟寻。』太平御览引帝王世纪云：『帝相一名相安。自太康以来，夏政凌迟，为羿所逼，乃徙商丘，依同姓诸侯斟灌斟寻氏。』

按夏帝相所徙实是帝丘。僖公三十一年左传：

『冬，狄围卫，卫迁于帝丘，卜曰三百年。卫成公梦康叔曰：相夺予享。公命祀相。宁武子不可，曰：鬼神非其族类，不歆其祀，杞、鄫何事？相之不享，于此久矣，非卫之罪也。』

这可以很清楚地说明夏帝相所徙的是帝丘，即濮阳，而不是商丘。

这个错误盖又是由于皇甫谧对夏帝相和相土混淆不清，误认相土为夏帝相所致。相土居商丘，因误以相土为夏帝相，于是便说相徙商丘。因相所居之地为古颛顼之墟的帝丘，于是又以商丘在颛顼之墟。郦道元依从皇甫谧之说，而又要调和其矛盾，于是便又说商丘或谓之帝丘。

我以为贾逵之说可能近乎事实，契的封地之商，也即商丘，是在漳水附近的地方。

诗玄鸟：『天命玄鸟，降而生商，宅殷土茫茫。』商颂至少是春秋时代宋人的诗。宋人歌颂其祖先，其说总是比较可依的。这里说『宅殷土茫茫』，无疑，契的封地必在殷的境域之内。

卜辞也有商。我们再来研究一下。

卜辞有『天邑商』『大邑商』『商』『中商』『商□』『商𠂤』『丘商』。

『甲午卜贞，在狱，天邑商皿宫，衣，兹囟囙祸，宁。』（缀合一八二）

『乙丑卜贞，在狱，天邑商公宫，衣，兹夕亡祸，宁。』（同上）

『丁卯王卜贞，今夕？备，余其比多田（缺）多白正盂方白，步，叀衣。翌衣，（缺）左自三子叔，𠂤余受右，不𠱼戋（缺），于兹大邑商，亡徙才祸，弘吉。在十月，遘太丁翌。』（甲二四一六）。

『天邑商』『大邑商』有人谓是殷都[①]，有人谓是河南的商丘[②]，又有人谓『天邑商』在朝歌，『大邑商在沁阳』田猎区[③]。从卜辞辞意看，此处『天邑商』决不能释为一地之名。『天邑商皿宫』『天邑商公宫』乃是殷王祭祀其先世的宗庙，如『天邑商』是地名，便不可道。而且卜辞说『在狱，天邑商皿宫』，『狱』已是地名，『天邑商』何能又是地名呢？这样，语法也说不过去。『天邑商』实是商国，『商』乃是国号，不是地名。尚书多士：『予一人惟听用德，肆予敢求尔于天邑商』，『天邑商』也是指商国，孔颖达释为商都，也是错误的。此处『天邑商』是指当时的殷都。

①罗振玉：殷墟书契考释。
②安阳发掘报告第4期，第658页。
③陈梦家：卜辞综述，第257页。

卜辞：

『庚申卜，出贞，今岁⿱艹龜不至兹商。』（河六八七）

这里『商』也是指商国。『⿱艹龜』学者释『秋』。我以为这个字乃是像蝗虫之形，是『螽』字的本字①。『今岁⿱艹龜不至兹商』，是说今年蝗虫不来到商国，也就是不遭蝗灾。

卜辞：

『辛未卜，争贞，王于生七月入于商。』（前二·一·二）

『甲戌卜，谷贞，今六月王入于商。』（前二·一·一）

『（缺），谷贞，生七月王入于商。』（续三·四一）

『戊寅卜，谷贞，王于生七月入于商。』（续三·四一）

『辛巳卜，谷贞，王于生七月入。』（续三·四一）

『甲申卜，谷贞，王于生八月入于商。』（续三·四一）

『辛卯卜，谷贞，今七月王入。』（续存三·六一）

『癸巳卜，谷贞，来乙巳王勿入于商。』（续存三·六一）

『（缺）王于生八月入于商。』（续三·四·四）

罗振玉说，商王田游所至曰往曰出，商独言入，商乃是指商都②。若此处之『商』是当时的

①详拙作释龟，未发表。

②罗振玉：殷墟书契考释。

殷都，应就是安阳的殷墟。但我觉得这是不是指殷墟的殷都，是可疑的。从日辰看，这些卜辞是相衔接的，所卜又同是一事，当是一时所卜。卜辞『生月』都是指下一个月，『生七月』是指下月七月，『生八月』是指下月八月。从这些卜辞看，这是殷王在六月开始卜问的。六月辛未、甲戌、戊寅、辛巳等日几次卜问何时入商，都说下月七月入商。到了七月甲申日卜问，又说下月八月入商。辛卯日卜问，又说本月七月入商。我们不能不怀疑，如此处之『商』是当时的殷都，则此时殷王必不在殷都而在另外一个地方。为什么殷王在外这样长久而不回都，回去还要卜问归期呢？这在事理上似有些难解。

卜辞又云：

『壬戌卜，我弗入商，我又㞢。』（粹一二八一）

这是卜问是否『入商』的，卜的结果是『弗入商』。如果商是当时的殷都，殷王为什么不入呢？这也很费解。我以为此处『商』必不是当时的殷都，而是另一个地方。『弗入商』是说不前往『商』。

卜辞又云：

『庚戌卜，丙贞，王入于商，亡乍囚。』（乙八三四六，合集七七七二）

『贞，王入于商，其㞢（有）乍囚。』（合集七七七二）

『亡乍囚』『㞢乍囚』是卜问有无突然而来的灾祸。殷王每出行，必卜有没有祸，这必也是卜外出的。这是殷王将要往『商』，卜途中有无不测之祸。由此也可知『商』不是当时的殷都而是另一个地方。

卜辞又云：

『壬寅卜，王于商。』（粹一〇六九）

『（缺）至于商，若。』（柬一〇一）

『贞，不至于商，五月。』（前二・二・三）

这都卜往『商』的，这更可以看出『商』必不是当时的殷都，而是别为一地。

卜辞言『入』者，除『商』以外，还有『大邑商』和『弇』。

『丁未卜，在□贞，王于丁入大邑商。』（通别，岩开大龟）

『丁酉卜，谷贞，来乙巳，王入于𠬸。』（合集七八四三，铁一六八・一）

『丁酉卜，谷贞，来乙巳，王入于𠬸。』（合集七八四三，续三・一四）

『大邑商』很清楚是当时的殷都，『𠬸』则显然不是安阳之殷都，所以言『入』者不必是当时的殷都。『𠬸』学者释『弇』。说文云：『弇，盖也……𠬸，古文弇。』从字形看，此字释『弇』，是对的。按『弇』与『奄』音义皆同，『弇』当就是『奄』字的本字。竹书纪年云：『盘庚旬自奄迁于北蒙曰殷』[1]，是『弇』曾为商都，我疑卜辞言『入』者乃是以其地曾为商都者。殷王赴

①太平御览卷83引。

「商」不言往而言「入」，不是由于「商」是当时的王都，而是由于其为往时的故都。

卜辞：

「在商。」（八八二一）

「在𠂤滴卜。」（河六八二）

此处「商」和「𠂤滴」更非常明显不是当时的殷都，而是另一个地方。

卜辞：

「贞，乎商口。贞，勿乎商口。」（乙六三〇〇）

「口」即说文之「囗」字。说文云：「囗，回也，象回帀之形。」这乃是像城墙围绕之形。

卜辞有「㞢口」「伊口」「雩口」。

「贞曰：子⿱竸高至于㞢口，作火戋。」（乙六六九二）

「勿曰：子⿱竸高至于㞢口，作火戋。」（同上）

「贞，于乙亥（缺）伊口人。」（明续四九七）

「（缺）曰：其取伊口人。」（同上）

「甲申卜，宝贞，雩口亡贝。」（乙缀一二六）

「贞，雩口其㞢贝。」（同上）

「㞢」「伊」「雩」都是国邑名。「㞢口」「伊口」「雩口」显是「㞢邑」「伊邑」「雩邑」。「商口」自也是「商邑」。「乎商口」「勿乎商口」，当是说命令商邑，不命令商邑。这也可证「商」必别为一地。

卜辞有「商方」。

「叀商方步，立于乙大乙，戋羌方。」（粹一四四）

于省吾说：「叀商方步，言步于商方」，步于商方即往商方，这又可知「商」是商都外的另一个地方。

卜辞又有「丘商」。

「（缺）方（缺）其丘商。」（京津一二二四）

有人说：「丘商」就是商丘①。我以为「丘商」「𠂤滴」「商口」「商方」「商」即是一地。「商」「丘商」「商口」在什么地方，有人以为「当是商丘一带」②。我们说古代记载中的商丘不是现在河南的商丘，卜辞的「丘商」「商口」自也不是现在河南的商丘。从卜辞看，当去当时殷都，即现在河南安阳殷墟不远。

卜辞：

「壬午卜，𠂤贞，王执多乎御方于商。」（缀合一四七，后下四.二九）

①陈梦家：卜辞综述，第257页。
②陈梦家：卜辞综述，第257页。

『壬午卜，卣贞，御方于商。』（缀合一四七，后下四·一六）

『（缺）己卜，王贞，于中商乎御方。』（缀合一四八，佚三四八，续存下三一二，零拾一一一）

『御方』王国维谓是国名，即不嬰簋之『駭方』。现在仍有人依从此说。这实是不正确的。『御』义实就是抵御。『方』是国名，是卜辞习见的。『御方』是说方人入侵，抵御它。『乎御方于商』，是说命令在『商』抵御『方』。『于中商乎御方』，是说命令在『中商』抵御『方』。由此可知『商』与『中商』即是一地。当时商王已是天下之共主，所以又自称为『中商』。由此推测，『中商』当就是其故都所在之地。『方』是殷北方的敌国，『商』『中商』与之相接，则其地不是远在今河南的商丘，而距安阳殷墟不远，可以想见。

卜辞：

『丙午卜，在商贞，今日王步于乐，亡灾。』（续三·二八·八）

『己酉卜，在乐贞，今日王步于噩，亡灾。』（续三·二八·八）

噩是卜辞习见的，是殷王常去田猎的地方，去殷都必不甚远。丙午日从『商』到乐，己酉日从乐到噩。从『商』到噩最多是两日路程。噩去殷都不远，则『商』去殷都更近。

铜器有商丘叔簠[1]，其人必封于商丘。汉武帝时有御史大夫商丘成，显以商丘为氏，宋郑樵

①三代吉金文存卷10。

云：『商丘复姓，春秋卫大夫食邑于此。因以为氏。』①看来商丘咸乃是商丘叔的后裔。卫大夫食邑于商丘，其地无疑必在卫境内。卜辞有云：

『辛毋卜，縠贞，妇姘乎黍于丘商。』（合集九五三〇）

『（缺）姘乎黍于丘商。』（合集九五九九）

妇姘能命令于丘商耕种，更可以推见，其地距洹滨之殷都相当近。

卜辞有『商水』，又作『滴水』。

『商水大（缺）。』（续存下一五〇）

『王涉商，射，又麑，禽。』（续三・四四・三）

『（缺）涉商，至□射，又豕，禽。』（京津四四七〇）

『王其省，涉商，亡灾，不雨。』（京津四四七〇）

『叀滴𩵋（鱼）（缺）。』（续六・一〇・九）

『（缺）王隹征商，允鲁（鱼）。』（佚六九三）

『王其又于商，在又，叀。』（宁沪一・一二三）

此处『商』『滴』很明显都是水名。『鲁』『𩵋』都是『鱼』字的别体。这是说往商水去捕鱼。『』是『岸』字的初字。『又』即右岸。『王其又于商，在又叀』，是说王祭祀商

①通志氏族略。

水，在右岸举行尞祭。我以为『商』『丘商』『商口』『商方』即在商水附近，由商水而得名。商水学者谓即是漳水①，甚是。『商』『商丘』当即在漳水沿岸的地方。商契所封之地当即在此。

汤都亳在什么地方更是一个长期以来众说纷纭，难以确定的问题，自汉以来有人说在河南偃师，有人说在济阴亳县，有人说在梁国蒙城，有人说在梁国穀熟，有人说在关中杜县，有人说汤初居亳穀熟，后徙西亳偃。尚书序：『自契至于成汤八迁，汤始居亳，从先王居』，孔颖达疏云：

『郑玄云：亳今河南偃师县，今亳有汤亭，汉书音义臣瓒者云：汤居亳今济阴亳县是也，今亳有汤冢。……杜预云：梁国蒙县北有亳城，中有成汤冢。……皇甫谧云：……亳今梁国穀熟县是也。』

史记殷本纪正义云：

『按：亳偃师城也。……汤即位居南亳，后徙西亳也。』

近代王国维从臣瓒说②，近时陈梦家从皇甫谧说③。岑仲勉又谓当是昭公九年左传『肃慎燕亳吾北土也』之亳。即皇览所说『帝喾冢在东郡濮阳顿丘城南台阴野中』之亳，在今河北省清

---

①葛毅卿：说滴，历史语言研究所集刊第7册第4分册。

②说亳，观堂集林卷12。

③陈梦家：卜辞综述，第257页。

丰县西南①。近年考古发掘，在河南偃师发现殷文化遗址，发现有房屋建筑。学者又有人谓偃师为汤都之亳。

过去研究汤都亳者大多都在偃师、穀熟和山阴之薄等说上兜圈子。这几种说法古时就有人怀疑或反对。如孔颖达说：『诸说不同，未知孰是。』②颜师古说：『瓒说非也。又如皇甫谧云汤都在穀熟，事并不经。』③岑仲勉说亳即顿丘城南亳阴野中之亳也不可信。他的证据就是错的。皇览这句话史记五帝本纪集解及水经注淇水引，『亳阴』都作『台阴』，白虎通也说帝喾冢在顿丘城南台阴野。『亳』实是『台』字，岑氏认错了。据此以证亳的地望，自然也是错的。

现在考古学者谓偃师二里头为汤都亳之所在。在目前讲，这还是很确定的。现在二里头出土的文物还不能直接证明其地就是汤都。即使它是商代的文化遗址。从记载上看，汤都偃师是不可能的。史记周本纪云：『自洛汭延于伊汭，居易毋固，其有夏之居。』伊洛之间乃是夏人的土地，偃师正是在伊洛之间，是在夏的境内，商汤焉能在这里建都呢？史记夏本纪正义云：『汲冢古文云：「太康居斟寻，羿亦居之，桀又居之。」尚书云：「太康失邦，兄弟五人须于洛汭，此即太康居之为近洛也」。』又吴起对魏武侯曰：『夏桀之居，左河济，右太华，伊阙在其南，羊肠在其北。』又周书度邑篇，武王问太公，吾将因有夏之居。即河南也。括地志云：『故

①黄河变迁史，第161页。
②尚书序疏。
③汉书地理志注。

𬩽在洛州巩县西南五十八里，盖桀所居也。』夏桀都巩县西南五十八里之𬩽城，密迩偃师。汤何能在迫近桀都之处建都呢?! 这是理所必然的。

对于这个问题，我觉得单从过去人对经史的注释中寻求，是不容易得到结果的。我们应该从先秦的记载和卜辞中探索。先秦距殷较近，当时人对殷代的记载总比较可信一些。甲骨卜辞是殷代人自己的记载，更是可靠的了。卜辞有亳，亳的地望应该从这些卜辞结合先秦记载推考。

吕氏春秋慎势篇：『汤其无郼，武其无岐，贤虽十全，不能成功。』吕氏春秋高义篇：『郼岐之广也，方国之顺也。』这都说汤兴起之地是郼，郼就是殷。由此可知汤的居地是殷，亳也必在殷的范围之内。吕氏春秋具备篇：『汤尝约于郼薄矣，武王尝穷于毕裎矣』，这更明白可知亳必是在殷境内。

卜辞：

『（缺）商，贞，（缺）于亳，亡灾。』（后上九·一二）

『甲寅王卜，在亳，贞，今日步团⿰工鸟。亡灾。』（后上九·一二）

『乙卯王卜，在⿰工鸟，贞，今日步于⿰鬲又，亡灾。』（前二·九·六）

第一条卜辞残缺，全辞当为『癸丑王卜，在商，贞，今日步于亳，亡灾』。从这几条卜辞看，亳距离商只有一日的路程，距离⿰鬲又也只有两日的路程。商在漳水附近，亳当也在此地区之内。⿰鬲又是殷王常去田猎的地方，去殷都必不甚远，亳去⿰鬲又犹有两日的路程，则亳距殷都必更近。

卜辞：

『戊寅，王兽（狩）亳，鱼，禽。』（前一·二九·一一）

亳也是殷王去田猎的地方，这也足以推知其去殷都不远。殷王往亳田猎捕鱼，其地必滨水，可能也就在滴水沿岸。

孟子滕文公下：『汤居亳，与葛为邻。』旧时学者都以汉代陈留郡宁陵县之葛乡为葛伯国。据此以考证亳的地望。如皇甫谧据此谓亳为穀熟之南亳。近代王国维又据此以证亳为汉代山阳郡之薄县。按谓宁陵之葛乡为古葛伯国始于孟康。汉书地理志宁陵孟康注云：『故葛伯国，今葛乡是也。』是后司马彪、杜预、皇甫谧等都信从此说。司马彪把它写入后汉书郡国志云：『宁陵有葛乡，故葛伯国。』梁裴骃更把这句话说成是汉书地理志的话。史记殷本纪集解云：『骃案孟子曰：「汤居亳，与葛为邻。」地理志曰：「葛今宁陵之葛乡。」』孟康之说何所根据，不得而知。是否他只见到当时宁陵有葛乡而附会的呢？这也未始不可能。总之，孟康之说证据是不充分的，以之作为论据是无力的。我们说亳在漳水附近，去宁陵甚远，必不与之相接，孟子所说的葛国必不在宁陵的葛乡。按后汉书郡国志，魏郡顿丘县有葛。元和郡县志云：『顿丘故城在成安县南三十里。』今成安县在河北省漳水之北，距河南安阳不远。这与在漳水之上的亳当相近。与亳为邻之葛是否就是这个葛呢?!假如我这种看法不错，反过来，也可以证明亳当在漳水附近。

这里我想再谈一谈盘庚迁都和安阳的殷墟。关于盘庚迁都旧也有几种说法。一说迁亳。史记殷本纪：『盘庚之时，殷已都河北，盘庚渡河南，复成汤之故居……乃遂涉河南治亳。』一说迁殷。尚书盘庚上：『盘庚迁于殷，民不适有居。』竹书纪年：『盘庚旬自奄迁于北蒙曰殷。』①一说迁于亳之殷地。史记殷本纪集解引郑玄云：『治于亳之殷地，商家自此徙而改号曰殷亳。』自从竹书纪年出土以后，晋唐学者多据此谓盘庚所迁即安阳之殷墟。近代考古发掘，在安阳洹水南岸之小屯村发现大量文化遗物和都城遗址。王国维根据竹书纪年谓即盘庚所迁之殷。自是以来，学者无异议。

洹水南岸的殷墟为盘庚的都城，旧时就有人有不同的意见。尚书盘庚疏云：『若洹水南有殷墟，或当余王居之，非盘庚也。』这里我们觉得确有不能不使人怀疑的地方。即殷墟发掘，只见有武丁以后的甲骨卜辞，盘庚、小辛及小乙三代的甲骨卜辞则未发现。不仅盘庚、小辛、小乙三代的甲骨卜辞没有发现，这三代的墓葬也未发现。如洹水南岸的殷墟是盘庚所建的都城，为什么不见这三代的遗物呢？这不很费解吗？

我也以为安阳的殷墟不是盘庚所迁居的都城，这乃是武丁新建的。

文献记载，在盘庚以后，有武丁迁都、庚丁迁都、武乙迁都和帝乙迁都。

①太平御览卷83引。

国语楚语：『昔殷武丁能耸其德，至于神明，以入于河，自河徂亳。于是乎三年默以思道。』韦昭云：『迁于河内，从河内往都亳。』

括地志：『纣都朝歌，在卫州东北七十三里，朝歌故城是也。本妹邑，殷王武丁始都之。』①

水经注淇水：『淇水南流，东屈迳朝歌城南，晋书地道记曰：「本沬邑也。」诗云：「爰采唐矣，沬之乡矣。」殷王武丁始迁居之，为殷都也。』

史记三代世表：『帝庚丁，廪辛弟，殷徙河北。』

史记殷本纪：『庚丁崩，子帝武乙立，殷复去亳徙河北。』

帝王世纪：『帝乙复济河北，徙朝歌，其子纣仍都焉。』②

帝王世纪：『帝武乙复济河北，徙朝歌。』③

按竹书纪年云：『自盘庚迁殷至纣之灭，七百七十三年更不迁都。』近代考古发掘，证明自武丁至纣确实一直是在安阳殷墟，没有迁都。所以，说庚丁、武乙、帝乙迁都，必定是错误的。我以为这乃是一事之误传。晋书地道记和括地志都谓武丁迁于朝歌，而帝王世纪谓帝乙迁都，也是迁于朝歌，很明显这二者必即是一事。史记三代世表、史记殷本纪及帝王世纪说庚

①史记周本纪正义引。
②史记周本纪正义引。
③太平御览卷82引。

丁、武乙、帝乙迁都，也都说迁于河北，可见这也必是一事。尤其殷本纪正义和太平御览同引帝王世纪，一说武乙济河北徙朝歌，一说帝乙济河北徙朝歌，更显然必是传写之误。这必由武丁迁都误传为庚丁和武乙，由武乙又误传为帝乙。

卜辞有武丁卜作邑者：

『庚午卜，丙贞，王作邑，帝若，八月。』（乙缀六一，丙八六）

『贞，王作邑，帝若，八月。』（乙缀六一，丙八六）

『己卯卜，争贞，王作邑，帝若。王从之唐。』（乙缀九六）

『（缺）王作邑，帝若。』（后下一六·一七）

『（缺）卜，争贞，王作邑，帝若。』（续六·一三·一二）

诗文王有声：『既伐于崇，作邑于丰。』郑玄云：『作邑者徙都于丰。』武丁作邑，必也是迁都。卜辞又云：

『戊申卜，亘贞，勿作大邑于（缺）。』（金六九〇）

『庚申贞，争贞，作大□。』（粹一七二）。

这也是武丁时的卜辞。『□』字郭沫若释『丁』，『大□』是太丁，不可通。日本学者岛邦男释『邑』，而旁加一？号[①]。这是释『邑』而不能肯定。这实即说文之『□』字，是像城墙环绕

①殷墟卜辞综类，第43页。

之形。『作大□』也即是作大城。尚书康诰：『周公初基，作新大邑于东国洛。』尚书召诰：『王来绍上帝，自服于土中。旦曰：「其作大邑，其自时配皇天。」』尚书多士：『今朕作大邑于兹洛。』周公作成周谓作大邑，武丁作大邑、大□，也必是作都城。安阳之殷都为武丁所新建，必无可疑。

安阳的殷都是武丁新建的，不是盘庚所迁，那么盘庚所迁是在何处呢？

我们前面说，盘庚迁都旧有三种说法：一谓亳，一谓殷，一谓亳殷。这三种说法看来是矛盾的，其实他们的根据是相同的，只是对古书的句读不同，产生不同的解释。尚书盘庚序：『盘庚五迁，将治亳殷，民咨胥怨。』旧时说经者都『将治亳殷』断句。这样句读，『亳殷』二字怎样解释就发生问题了。郑玄解释为亳之殷地。伪孔传谓殷是『亳之别名』。晋束皙谓『将治亳殷』，孔子壁中尚书作『将始宅殷』。束皙又根据竹书纪年谓盘庚迁都就是安阳洹水南岸的殷墟。束皙这种解释是很牵强的。『将始宅殷』，这句话就不太好讲。『将』与『始』都是表时间的，这只是要说『将宅殷』即可，加『始』字便赘了。我以为这句话不能『将治亳殷』句读，而应该『将治亳』断句，殷字属下读。『盘庚五迁，将治亳，殷民咨胥怨。』这样，便文从字顺。史记殷本纪：『盘庚之时，殷已都河北，盘庚渡河南，复居成汤之故居，乃五迁无定处，殷民咨胥皆怨，不欲徙。』这显然也是据盘庚序的，这里正『殷民咨胥皆怨』为句，足证『殷』字必属下读。司马迁这样句读，所以他说盘庚迁亳。

尚书盘庚云：『盘庚迁殷。』竹书纪年云：『盘庚自奄迁于殷。』盘庚迁都是迁到殷，必无可疑。尚书盘庚序和史记殷本纪又谓迁亳，这可能是如郑玄所说迁于『亳之殷地』。卜辞有亳，这个亳我们说是在漳水附近的地方。前举国语楚语武丁迁都也是亳。又墨子非攻下：『遝至乎商王纣，天不序其德，祀用失时，兼夜中，十日雨土于薄。』是安阳洹水南岸的殷都也称亳。由此看来，亳不只是一地之称。我想可能是这样：当时洹水南岸的地方也在亳的境内。换句话说，卜辞之亳是一个地方的名称，盘庚治亳，武丁迁亳，亳是地区的名称。如这样解释不误，则上述的矛盾便可解释而无抵牾。盘庚迁殷是迁于亳境内之殷，所以可以说迁殷，也可以说迁亳，也可以说迁于亳之殷地。殷既在亳境内，其地当也去安阳之殷墟不远。我疑殷就是朝歌。

殷又是商的国号。商改国号为殷，旧都以为是由于盘庚迁殷。如史记殷本纪盘庚治亳，集解云：『郑玄曰：治于亳之殷地，商家自此徙而改号曰殷。』皇甫谧帝王世纪云：『商盘庚迁都殷，始改商曰殷。』[1]史记殷本纪索隐：『契始封商，其后裔盘庚迁殷，殷在邺南，遂为天下号。』尚书盘庚中西伯戡黎及微子都称殷，似商未亡之前确已改国号为殷。但甲骨卜辞，商人都自称商或大邑商，没有称殷者。是终商之兴，商国号实没有更改。盘庚等等称殷，不能不令人怀疑。这几篇疑都是后人追记，不是商人的记载。这从盘庚中可以窥见。盘庚中云：『盘庚

①太平御览卷83引。

作，惟涉河以民迁。』又云：『予将试以汝迁。』是盘庚中所记盘庚即将迁徙时事。盘庚中云：『殷降大虐，先王不怀，厥攸作，视民利用迁。』伪孔传云：『我殷家于天降大灾，则先王不思故居而徙。』此处之『殷』，显是指盘庚以前的商国。此时盘庚尚未迁殷，怎么就能称商为殷呢？足见这必是以后的记述。终商之兴，国号未改，谓盘庚迁后改国为殷，显是错的。

然则殷之国号何由而来呢？有人说这是由于周人对商人的敌忾。这只是一种揣测。我以为这乃是因朝歌为殷而来。商人自称为商或大邑商。周人初也称它为商或大邑商。如尚书牧誓：『时甲子昧爽，王朝至于商郊牧野』，『以奸宄于商邑』。利簋：『武王征商。』康侯鼎：『王朿伐商邑。』诗大明：『保右命尔，燮伐大商。』『凉彼武王，肆伐大商。』周人称商为殷，最早见于尚书之大诰　康诰　酒诰　梓材　洛诰　多士　无逸　多方等篇。这几篇都是周公、成王时的训诰之文。周人称商为殷当就在这时候改变的。为什么这时候改称商为殷呢？这里改称商为殷，最早的是大诰。大诰云：『殷小腆，诞敢纪其叙』，『于伐殷逋播臣』。大诰是武庚禄父与管叔、蔡叔畔周，周公出兵讨伐时告诸侯及臣僚之辞。周武王灭商，分商畿内之地为三国。封纣子武庚续商后，都朝歌。此时商已灭亡，武庚的封地仅朝歌及其附近之地，已不是过去商国的全境。大诰不称武庚的封地为商，而称它为殷，必定是因为武庚的封地为殷，殷是武庚封地之名。周灭武庚以后，以其地封康叔。定公四年左传：『命以康叔而封于殷墟』，杜预云：『殷墟，朝歌也。』这也是证朝歌原名殷。又吕氏春秋慎大篇云：『武王胜殷，命周公旦进殷之遗老而问殷之亡故，又问众之所说，民之所欲。殷之遗老对曰：「欲复盘庚之政。」武王于是复盘庚之政。』史记殷本纪云：周武王灭纣，『封纣子武庚禄父以续殷祀，令修盘庚之政。』殷之君王非盘庚独贤，殷之政教亦非盘庚独善，为什么殷之遗老不言他王，而独欲复盘庚之政呢？这必是盘庚曾都于此，其政教曾行于此，故老相传，犹能阐其遗风，故殷之遗老能言之。

国语楚语云：『昔武丁能耸其德，至于神明，以入于河，自河徂亳』，韦昭云：『迁于河内，从河内往都亳。』晋书地道记和括地志都谓朝歌『武丁始居之』。据此，武丁曾在朝歌居住过。可能武丁即位时是在朝歌，后又在洹水两岸营建新都。又竹书纪年云：『自盘庚徙殷，至纣之灭，七百七十三年更不徙都。纣时稍大其邑，南距朝歌，北及沙丘，皆为离宫别馆。』[①]纣时扩大洹水南岸的殷都，在朝歌作离宫别馆，纣又灭于朝歌，这当也是因朝歌是旧都，纣复加修建，而居其地之故。

晋书地道记和括地志都谓朝歌『本沬邑』。诗鄘风桑中：『爰采唐矣，沬之乡矣。』郑玄云：『于何采唐必沬之乡？犹言欲为淫乱者必之卫之都。』这也谓朝歌为沬。又尚书酒诰云：『明大命于妹邦』，这更直接称殷为『妹』了。竹书纪年云：『盘庚旬自奄迁于北蒙曰殷。』[②]蒙与沬、妹声相同，沬、妹当就是北蒙。

①史记殷本纪正义引。

②水经注洹水 太平御览卷83引作北蒙，史记殷本纪正义 史记项羽本纪索隐引作北冢，盖蒙冢形近致误。

盘庚迁殷是从何处迁来的？这经传都没有明确的记载。史记殷本纪云：『盘庚之时，殷已都河北……盘庚渡河南，复居成汤之故居』，从河北什么地方迁徙的没有说明。盘庚云：『不常厥邑，于今五邦。』也没有说是哪『五邦』。马融说：『五邦谓商丘、亳、嚣、相、耿也。』伪孔传云：『汤迁亳，仲丁迁嚣，河亶甲迁相，祖乙居耿，我往居亳，凡五迁国都。』这是解释，不是记载。对于盘庚迁都有明确记载者只有竹书纪年。竹书纪年谓：『盘庚旬自奄迁于殷。』我们在前面曾说卜辞有地名『殳』，『殳』就是『奔』字，『奔』与『奄』古通用。『殳』应也就是『奔』。卜辞殷王外出所至都言往言至，惟大邑商、商及奔言入。大邑商言入，是因为它是当时的都城，商言入，则是因它是旧都。奔与大邑商和商一样也言入，必奔也曾为殷都。竹书纪年的记载应是正确的。

奄之地望也无定说。说文云：『郁，鲁也。』服虔云：『商奄，鲁也。』[1]王国维谓即襄公二十五年左传之『奔中』[2]。郑玄云：『奄国在淮夷北。』按卜辞有云：

『贞，奔受秊。』（库方三〇八）

『贞，奔亡囚。』（簠杂九四）

从这两条卜辞看，奔应在殷王势力直接统治的地方，也即是『畿内』之地，不能远至曲

①昭公九年左传疏引。
②北伯鼎跋，观堂集林卷18。

阜。卜辞又云：

『贞，𢍏来嬉。』（合一二三页）

卜辞『来嬉』都是殷边境或境内方国派来的，如：

『贞，有来嬉自西。』（乙六三七八）

『贞，亡来嬉自南。』（铁一七八一）

『癸酉卜贞，其自𡆥有来嬉。』（甲二·二三）

『……丁酉，允有来嬉自西，沚二告土方显于我东面，𢦏二邑，舌方亦牧我西备田。』（菁6）

这也足以证𢍏是在殷王直接统治的疆域之内。但它究竟在什么地方还是难以确指。

总起来说，商、亳应该都在漳水附近的地方。盘庚迁殷，殷应即是朝歌，不是安阳洹水南岸的殷墟。安阳洹水南岸的殷都乃是武丁新建的，其地也近漳水。商是契的封地，亳是帝喾和汤的居地，帝喾至汤，商人主要的活动地区，也即是它的兴起之地，应是在漳水流域。

商、亳是在漳水流域，然则在漳水流域的哪个地方呢？这似还可以进一步研究。过去对于漳水的记载相当分歧。汉书地理志谓浊漳水出上党长子县鹿谷山，『东至邺入清漳水』。清漳水出上党沾县大黾谷，『东北至阜成入大河』。水经谓漳水至阜城昌亭流入滹沱河。而现在漳水则至大名流入卫河。这是因为今河北省中南部一带平原地区古代多水患，河流多次移徙改道，以致水道紊乱。这些记载都只是各就当时的情况记述的。我们考察夏商时代的漳河，不能以此为依据。古代涉及漳水的记载，最早的是尚书禹贡。禹贡云：『覃怀底绩，至于衡漳。』夏商时代漳水的情况只能由此推考。衡漳伪孔传云：『漳水横流入河也。』汉书地理志师古注云：『衡漳谓漳水横流入河也。』据此，漳水最早是在『衡漳』这个地方流入大河的。水经：漳水『又东北过斥漳县南』。注云：『漳津故渎水断旧溪东北出，涓流瀵注而已，尚书所谓覃怀底绩，至于衡漳者也。』又汉书地理志广平国斥章应劭注云：『漳水出治北入河。』是禹贡之漳水在汉代斥境内流入大河。斥章是在今河北省广平县。据此，夏商时代漳水是在今河北省广平县境内入大河的。在周定王五年河未徙以前，是北流入巨鹿北之大陆泽，然后流至碣石入海，流经斥章一带，所以漳水在此流入河。

夏商时代漳水是在今河北省广平县境内流入河，则漳水应只到此为止。换句话说，只有这以上的河流才是漳水。照这样说，漳水下游两岸之地只是现在河北的临漳、磁县、咸安、肥乡、广平、永年等地。商、亳应在这个地区之内。

1979年10月5日草于芜湖赭山
1986年6月17日修改

殷代已有宜忌日

在武乙、文武丁时代的卜辞里有一种现象，殷王田猎多在乙、丁、戊、辛、壬几日。

一、『戊中……贞，王其田，亡戋。』（缀一七七）

『壬子卜贞，王其田，亡戋。』（同上）

『戊午卜贞，王其田，亡戋。』（同上）

『……酉卜贞，王其田，亡戋。』（同上）

『壬申卜贞，王其田，亡戋。』（同上）

『乙亥卜贞，王其田，亡戋。』（同上）

『戊子卜贞，王其田，亡戋。』（同上）

二、『壬……贞，王……田，亡戋。』（缀一七八）

『乙酉卜贞，王其田，亡戋。』（同上）

『戊子卜贞，王其田，亡戋。』（同上）

『辛……贞，……田……。』（同上）

『乙未卜贞，王其田，亡戋。』（同上）

三、『戊寅……贞，王其田，亡戋，在凡。』（粹九六〇）

『辛巳卜贞，王其田，亡𢦏，在突。』（同上）

『甲申卜贞，王其田，亡𢦏。』（同上）

『丁亥卜贞，王其田，亡𢦏。』（同上）

四、『乙亥卜贞，王其田，亡𢦏。』（珠六七五）

『戊寅卜贞，王其田，亡𢦏。』（同上）

『辛巳卜贞，王其田，亡𢦏。』（同上）

五、『戊申卜贞，王其……亡𢦏。』（邺三·三八·三）

『辛亥卜贞，王其田，亡𢦏。』（同上）

『壬子卜贞，王其田，亡𢦏。』（同上）

『乙卯卜贞，王其田，亡𢦏。』（同上）

『戊午卜贞，王其田，亡𢦏。』（同上）

六、『戊戌……贞，王……田，亡𢦏。』（宁二·一一二）

『壬寅卜贞，王其田，亡𢦏。』（同上）

『乙巳卜贞，王其田，亡𢦏。』（同上）

七、『戊辰卜贞，王其田，亡𢦏。』（人二四八九）

『壬申卜贞，王其田，亡𢦏。』（同上）

『乙亥卜贞，王其田，亡戋。』（同上）
『辛巳卜贞，王其田，亡戋。』（同上）
『……午卜贞，王其田，亡戋。』（同上）

八、『乙亥卜贞，王其田，亡戋。』（人二四八八）
『戊寅卜贞，王其田，亡戋。』（同上）
『壬子卜贞，王其田，亡戋。』（同上）

九、『乙未卜贞，……』（师友二·二一一）
『戊戌卜贞，王其田，亡戋。』（同上）
『壬寅卜贞，王其田，亡戋。』（同上）

十、『丁酉……贞，王……噩，亡戋。』（粹九七三）
『戊子卜贞，王其田癸，亡戋。』（同上）
『辛卯卜贞，王其田噩，亡戋。』（同上）
『壬辰卜贞，王其田向，亡戋。』（同上）

十一、『辛巳……贞，王其田向，亡戋。』（粹九七五）
『壬午卜贞，王其田噩，亡戋。』（同上）
『乙酉卜贞，王其田向，亡戋。』（同上）

『戊子卜貞，王其田盂，亡𢦔。』（同上）
『辛卯卜貞，王其田噩，亡𢦔。』（同上）
『壬辰卜貞，王其田向，亡𢦔。』（同上）
『乙未卜貞，王其田噩，亡𢦔。』（同上）
十二、『壬戌卜貞……梌，亡𢦔。』（粹九七七）
『……丑卜貞，王其田牢，亡𢦔。』（同上）
『辛未卜貞，王其田向，亡𢦔。』（同上）
十三、『戊寅…貞，王……梌，亡𢦔。』（粹九七八）
『辛巳卜貞，王其田噩，亡𢦔。』（同上）
『……午卜貞，王其田……。』（同上）
十四、『壬午……貞，王……田盂，亡𢦔。』（粹九七九）
『乙酉卜貞，王其田梌，亡𢦔。』（同上）
『戊子卜貞，王其田斿，亡𢦔。』（同上）
『辛卯卜貞，王其田□，亡𢦔。』（同上）
『……卜貞，王其田……，亡𢦔。』（同上）
十五、『辛亥……貞，王其田盂，亡𢦔。』（粹九八三）

「壬子卜贞，王其田向，亡戋。」（同上）

「乙卯卜贞，王其田□，亡戋。」（同上）

十六、「乙未卜……王……田噩，……戋。」（后上一三・一三）

「辛丑卜贞，王其田宫，亡戋。」（同上）

「戊戌卜贞，王其田斿，亡戋。」（同上）

十七、「乙……贞，……斿。」（邺一・三三・一，存续一九七一）

「戊子卜贞，王其田戱，亡戋。」（同上）

「辛卯卜贞，王其田向，亡戋。」（同上）

「壬辰卜贞，王其田噩，亡戋。」（同上）

「乙未卜贞，王其田……，……戋。」（同上）

十八、「壬寅……贞……田盂，亡盂。」（掇卜一・四六〇，京四四二一，宁一・三七三）

「乙巳卜贞，王其田，亡戋。」（同上）

「戊申卜贞，王其田牢，亡戋。」（同上）

「辛亥卜贞，王其田盂，亡戋。」（同上）

「壬子卜贞，王其田向，亡戋。」（同上）

「乙卯卜贞，王其田噩，亡戋。」（同上）

『戊午卜贞，王其田向，亡戋。』（同上）

十九、『戊戌卜贞，王其田盂，亡戋。』（缀一七四）

『辛丑卜贞，王其田盂，亡戋。』（同上）

『壬寅卜贞，王其田向，亡戋。』（同上）

『乙巳卜贞，王其田籔，亡戋。』（同上）

『戊申卜贞，王其田盂，亡戋。』（同上）

二十、『戊寅……贞，王……田……。』（人二五〇五）

『辛巳卜贞，王其田□，亡戋。』（同上）

『壬午卜贞，王其田宫，亡戋。』（同上）

『戊子卜贞，王其田噩，亡戋。』（同上）

二十一、『乙亥卜贞，王其田噩，亡戋。』（同上）

『丁丑卜贞，王其田噩，亡戋。』（同上）

『戊寅卜贞，王其田阻，亡戋。』（同上）

『辛巳卜贞，王其田宫，亡戋。』（同上）

『壬午卜贞，王其田……。』（同上）

这里所列举的都是在同一版上有三条及以上卜辞的，其只有一条或两条的没有列举。因为同一版上有三条及以上的卜辞，可以更容易看出殷王在哪几天田猎，哪几天没有田猎。只有一条或两条卜辞，这种情况就看不出。这里举了92条卜辞，也就是92次田猎。这里甲日田猎的只有一次，丁日田猎的只有三次，其余88次都是在乙、戊、辛、壬四日，而丙、己、庚、癸四日则从不见。从日干看，这里有七个戊子日。两个月一个戊子日，七个戊子日历时必在一年以上。假定这92次田猎是一个王时的，则殷王在近一年之内田猎都在乙、戊、辛、壬四日。殷王田猎，一年之日都选择乙、戊、辛、壬四日，这绝不是偶然的。丙、己、庚、癸四日不田猎，也并不是无意的。我们推测，当时可能已有宜忌日。乙、戊、辛、壬四日是宜田猎的日子，丙、己、庚、癸四日是不宜田猎的日子。

这是武乙和文武丁时的情况，以前似还不如此。

『甲寅卜，行贞，王其田，亡灾。才十二月，才𠂤□。』（佚二七一）

『丙申卜，行贞，王其田，亡灾，才蜀。』（后上一一·二）

『庚午卜，出贞，王其田，亡……』（七九五，综类二八九）

『庚寅卜，尹贞，……其田于□，亡灾，才一月。』（后上一三·一）

『甲子卜，犾贞，王其田，亡灾。』（甲三九一五）

『己巳卜，犾贞，王其田，不其雨。』（甲三九一四）

『庚午卜，犾贞，王其田于秉，亡灾。』（同上）

前四条是祖庚和祖甲时的卜辞，后三条是廪辛和康丁时的卜辞。从康丁以前，宜忌日似还没有严格的分别。

二十二、『壬辰……贞，王……田，亡灾。』（粹九六五）

『丁酉卜贞，王其田，亡灾。』（同上）

『戊戌卜贞，王其田，亡灾。』（同上）

『壬寅卜贞，王其田，亡灾。』（同上）

『乙巳卜贞，王其田，亡灾。』（同上）

『戊申卜贞，王其田，亡灾。』（同上）

二十三、『戊午卜贞，王其田，亡灾。』（京五三〇二）

『……卜贞，王其田，亡灾。』（同上）

『壬戌卜贞，王其田，亡灾。』（同上）

二十四、『壬午卜贞，王其田，亡灾。』（人二五〇七，综类九二九三）

『乙酉卜贞，王其田，亡灾。』（同上）

『戊子卜贞，王其田，亡灾。』（同上）

『辛卯卜贞，王其田，亡灾。』（同上）

『壬辰卜贞，王其田，亡灾。』（同上）

『乙未卜贞，王其田，亡灾。』（同上）

二十五、『戊戌卜贞，王田，往来亡灾。』（佚九八七）

『壬申卜贞，王田，往来亡灾。』（同上）

『壬午卜贞，王田，……来……。』（同上）

『壬寅……田，……亡灾。』（同上）

二十六、『壬辰卜贞，王田噩，往来亡灾。』（前二·二七·八）

『戊申卜贞，王田害，往来亡灾。』（同上）

『壬子卜贞，王田疐，往来亡灾。』（同上）

『丁卯卜贞，王田天，往来亡灾。』（同上）

二十七、『壬子……王田……，亡灾。』（前二·三〇·二）

『戊午卜……王田……往………』（同上）

『壬……王……』（同上）

『丁卯卜贞，王田疐，往来亡灾。』（同上）

『辛未卜贞，王田害，往来亡灾。』（同上）

『乙亥卜贞，王田宫，往来亡灾。』（同上）

二十八、『辛酉……王田……往来亡灾。』（前三·二六·一）

『丁巳卜贞，王田□，往来亡灾。』（同上）
『辛酉卜……王田……往来……灾。』（同上）
二十九、『……卜贞，……害，……来……灾。』（前三·三一·一）
『丁未……王田……来……』（同上）
『……卜贞，……往来……』（同上）
『甲寅……王田……往……灾。』（同上）
三十、『戊寅卜……王田害，往……亡灾。』（前三·三一·一）
『辛卯卜贞，王田害，往来亡灾。』（同上）
『……卜贞，……梌，往……亡灾。』（同上）
『丁未卜贞，王田噩，往……』（同上）
三十一、『壬辰……贞，王……宫，往……亡灾。』（前二·三五·六）
『戊戌卜贞，王田雝，往来亡灾。』（同上）
『壬寅卜贞，王田雝，往来亡灾。』（同上）
『辛丑卜贞，王田于噩，往来亡灾，弘吉。』（同上）
三十二、『壬申卜贞，王田莫，往来亡灾。王固曰吉，获狐十三。』（前二·四三·三）
『丁亥卜贞，王田亯京，往来亡灾。』（同上）

『戊子卜贞，王田疐，往来亡灾。』（同上）
『……卯卜贞，王田噩，往来亡灾。』（同上）

三十三、『辛巳卜贞，王田書，往来亡灾。』（前二·四二·四）
『戊子卜贞，王田𦎫，往来亡灾。』（同上）
『辛卯卜贞，王田噩，往来亡灾。』（同上）

三十四、『壬辰……王……往……』（前二·四二·二）
『丁酉卜贞，王田𦎫，往来亡灾。』（同上）

三十五、『丁卯……其于田……来……』（前二·四三·三）
『戊辰王卜贞，田率，往来亡灾，获狐七。』（同上）

三十六、『丁巳卜……其田……往……亡……』（前二·四三·四）
『戊辰卜贞，王田于率，往来亡灾，获狐七。』（同上）

三十七、『戊申卜贞，……于雝……』（金四五二，综类二九六）
『辛亥卜贞，王田宫，往来亡灾，弘吉。』（同上）
『壬子卜贞，王田雝，往来亡灾，吉。』（同上）
『戊午卜贞，王田雝，往来亡灾，吉。』（同上）
『壬戌卜贞，王田宫，往来亡灾，吉。』（同上）

『壬午卜贞，王田宫，往来亡灾。』（同上）

『丁亥卜贞，王田雝，往来亡灾。』（同上）

三十八、『辛酉卜贞，王田……往来……灾。』（金五四九，综类二五九）

『戊戌……王田……来……』（同上）

『戊寅……王田……来……』（同上）

『辛亥卜贞，王田害，往来亡灾。』（同上）

『辛酉卜贞，王田害，往来亡灾。』（同上）

『壬戌卜贞，王田雝，往来亡灾。』（同上）

『辛巳卜贞，王田梌，往来亡灾。』（同上）

『戊子卜贞，王田害，往来亡灾。』（同上）

『壬辰卜贞，王田𩫖，往来亡灾。』（同上）

三十九、『戊戌……田害，……亡灾。』（珠一二七）

『壬寅……田害，……亡灾。』（同上）

『丁巳卜贞，王田盂，往来亡灾。』（同上）

『辛酉卜贞，王田疐，往来亡灾。』（同上）

四十、『壬戌卜贞，王田……往来亡灾。』（后上一三·一一）

『丁卯卜贞，王田……往来亡灾。』（同上）

『壬申卜贞，田害，……来亡灾。』（同上）

四十一、『戊戌卜贞，王田害，往来亡灾，王𡆥日吉。』（续存二·二三七四）

『壬寅卜贞，王田宫，往来亡灾，王𡆥日吉，兹□获虎一狐六。』（同上）

『丁未卜贞，王田疐，往来亡灾，王𡆥日吉。』（同上）

『戊申卜贞，王田疐，往来亡灾，王𡆥日吉。』（同上）

『壬子卜贞，王田疐，往来亡灾，王𡆥日吉。』（同上）

『辛未卜贞，王田疐，往来亡灾，王𡆥日吉。』（同上）

四十二、『乙卯王……田于宫，……』（天七八）

『丁巳王卜贞，其田于噩，往来亡灾。』（同上）

『戊午王卜贞，其田于宫，往来亡灾。』（同上）

四十三、『戊辰王……贞……田……往来……』（前二·三四·三）

『辛未王卜贞，田梌害，往来亡灾，王𡆥日吉。』（同上）

『壬申王卜贞，田梌，往来亡灾，王𡆥日吉。』（同上）

『乙亥王卜贞，田宫，往来亡灾，王𡆥日吉。』（同上）

四十四、『壬辰王卜贞，田玟，往来亡灾，王𡆥日吉，在夕，兹□获鹿六。』（前二·三五·一）

『乙巳王卜贞，田害，往来亡灾，王𡆥曰吉，兹□获鹿四麋。』（同上）

『戊戌王卜贞，田羌，往来亡灾，王𡆥曰吉，兹□获鹿四。』（同上）

四十五、『丁酉……来亡……获……』（前二·四一·八）

『戊戌王卜贞，田噩，往来亡灾，王𡆥曰吉，获狐二。』（同上）

四十六、『壬申王卜贞，田羌，往来亡灾，王𡆥曰吉，兹□获鹿十又……』（前二·四四·五）

『戊寅王卜贞，田害，往来亡灾，王𡆥曰吉，兹□获鹿二。』（同上）

『壬午王卜贞，田䖒，往来亡灾，王𡆥曰吉，兹□获鹿二。』（同上）

四十七、『壬辰……王田……来亡……𡆥曰吉，……获……』（前二·四四·七，林二·二二·七）

『丁酉卜贞，王田陌，往来亡灾，王𡆥曰吉。』（同上）

四十八、『乙酉……田，……来……曰吉。』（续三·一七·一）

『戊……，……田害，……王……』。（同上）

『壬辰王卜贞，田害，往来亡灾，王𡆥曰吉。』（同上）

『丁酉王卜贞，田噩，往来亡灾，王𡆥曰吉。』（同上）

『……午王卜……田害，……来亡……王則曰吉。』（同上）

『……子王卜……田梌，往……亡灾。』（同上）

四十九、『戊辰王……贞，田害，往来亡灾。』（续三·一七·九）

『辛未王卜贞，田疐，往来亡灾，王𠁁日吉』。（同上）

『壬申王卜贞，田疐，往来亡灾，王𠁁日吉。』（同上）

五十、『戊午王卜贞，田疐，往来亡灾，王𠁁日吉。』（续三·一八·二）

『辛酉王卜贞，田書，往来亡灾，王𠁁日吉。』（同上）

『壬戌王卜贞，田𦎫，往来亡灾，王𠁁日吉。』（同上）

五十一、『壬……田……亡灾，……兹……』（续三·一八·一）

『乙亥王卜贞，田噩，往来亡灾，王𠁁日吉，获……七，雉三十。』（同上）

『戊寅王卜贞，田書，往来亡灾，王𠁁日吉。』（同上）

『……巳王卜贞，田書，往……亡灾，王𠁁日吉。』（同上）

五十二、『壬申王贞，田書，……来亡灾，王𠁁日吉。』（续三·一八·三）

『戊寅王卜贞，田蕹，往来亡灾，王𠁁日吉，兹□获狐三十。』（同上）

『辛巳王卜贞，田疐，往来亡灾，王𠁁日吉。』（同上）

『壬午王卜贞，田書，往来亡灾，王𠁁日吉。』（同上）

五十三、『丁亥王卜贞，田盂，往来亡灾，王……』（续三·一八·六）

『戊子王卜贞，田噩，往来亡灾，王𠁁日吉。』（同上）

『辛卯王卜贞，田書，往来亡灾，王𠁁日吉。』（同上）

五十四、『辛丑王卜贞，田害，……来亡灾，……则日吉，兹□三十。』（菁一〇・一五）

『壬寅王卜贞，田害，往来亡灾，王𡆥日。』（同上）

『戊申王卜贞，田亯，往来亡灾，王𡆥日吉，兹□。』（同上）

『辛亥王卜贞，田噩，往来亡灾，王𡆥日吉。』（同上）

『壬子王卜贞，田𣪘，往来亡灾，王𡆥日吉。』（同上）

五十五、『壬寅王卜贞，田害，往来亡灾，王则日吉。』（库方一五三六）

『乙巳王卜贞，田疐，往来亡灾，王𡆥日吉。』（同上）

『戊申王卜贞，田害，往来亡灾，王𡆥日吉，兹□。』（同上）

『辛亥王卜贞，田害，往来亡灾，王𡆥日吉。』（同上）

『壬子王卜贞，田害，往来亡灾，王𡆥日吉。』（同上）

『壬戌王卜贞，田害，往来亡灾，王𡆥日吉，获麑五……雉六。』（同上）

五十六、『辛丑王卜贞，田……往来亡灾。』（甲五三五〇）

『壬寅王卜贞，田梌，往来亡灾。』（同上）

『乙巳王卜贞，田害，往来亡灾，王𡆥日吉。』（同上）

『丁未王卜贞，田害，往来亡灾，王𡆥日吉。』（同上）

『戊申王卜贞，田梌，往来亡灾，王𡆥日吉。』（同上）

『辛亥王卜贞，田書，往来亡灾，王𠧢日吉。』（同上）
『壬子王卜贞，田梌，往来亡灾，王𠧢日吉。』（同上）

五十七、『丁酉王卜贞，田噩，……来亡灾，王日吉。』（珠一二二）
『戊戌王卜贞，田書，往来亡灾，王𠧢日吉。』（同上）
『辛丑王卜贞，田梌，往来亡灾，王𠧢日吉。』（同上）
『壬寅王卜贞，田噩，往来亡灾，王𠧢日吉。』（同上）

五十八、『壬子王……贞，田梌……』（南明七九〇）
『丁亥王卜贞，田書，往来亡灾。』（同上）
『戊午王卜贞，田盂，往来亡灾，王𠧢日吉。』（同上）
『辛酉王卜贞，田書，往来亡灾，王𠧢日吉。』（同上）

五十九、『壬戌王卜贞，田書，往来亡灾，王𠧢日吉，在七月。兹□。』（金四五三，综类二九四）
『乙丑王卜贞，田書，往来亡灾，王𠧢日吉。』（同上）
『戊辰王卜贞，田書，往来亡灾，王𠧢日吉。』（同上）
『辛未王卜贞，田噩，往来亡灾，王𠧢日吉，兹□。』（同上）
『壬申王卜贞，田書，往来亡灾，王𠧢日吉。』（同上）
『丁丑王卜贞，田噩，往来亡灾，王𠧢日吉。』（同上）

『戊寅王卜贞，田噩，往来亡灾，王乩日吉，兹□。』(同上)

这都是帝乙和帝辛时的卜辞，这里所列举的仍只限一版有三条及以上卜辞者。只有丁日出猎者，虽只有两条卜辞也列。从这些卜辞看，帝乙和帝辛时，殷王田猎，最多的仍是乙、戊、辛、壬四日，和武乙、文武丁时稍有不同者只丁日出猎的次数增多了。甲日田猎只一见，癸、丙、己三日，不论武乙、文武丁时代或帝乙和帝辛时代都不见。庚日也极少见。殷王田猎都在乙、丁、戊、辛、壬几日，而甲、丙、己、庚、癸几日不田猎，或极少田猎，这必有原因。这可能是他们认为前几天宜于田猎，后几天不宜于田猎。诗吉日是咏田猎的诗，诗云：『吉日维戊。』这和殷人以戊日宜田猎一样。由此可以推知，殷王多在戊日田猎，也必以戊日为吉日。周人的习俗是源于殷代的。易蛊卦：『先甲三日，后甲三日，吉。』易巽卦：『先庚三日，后庚三日，吉。』王引之谓是行事之吉日(经义述闻)。先甲三日是辛，后甲三日是丁；先庚三日是丁，后庚三日是癸。仪礼少牢馈事礼：『日用丁巳。』周代也以丁、辛为吉日，这当也是源于殷代的。

以日干定吉凶和行事宜否，这必定认为日干有某些吉凶宜忌的含义了。日干何以有吉凶宜忌的含义呢？这很难知道。曲礼云：『外事以刚日，内事以柔日。』诗吉日：『吉日维戊』，郑玄云：『戊，刚日也』，『吉日维庚』，传云：『外事以刚日。』照这样说，行事宜否，是以日干刚柔来分的。所谓『刚日』是指十干中的五个奇日，即甲、丙、戊、庚、壬。所谓『柔日』是指十干中的五个偶日，即乙、丁、己、辛、癸。这与卜辞显然不合。日干含有吉凶宜忌之意，不能用此来解释。郊特牲：『郊之用辛也，周之始郊日以至。』郑玄云：『用辛日者，凡为人君，当斋戒自新耳。』这显然也是望文生义。

尚书皋陶谟 伪古文益稷：

『予创若时，娶于涂山，辛壬癸甲；启呱呱而泣，予弗子，惟荒度土功。』

这句话如何解释，过去说者不一，而皆不能通顺无碍。

吕氏春秋：

『禹娶涂山氏女，不以私害公，自辛至甲四日，复往治水。』

郑玄云：

『登用之年，始娶于涂山氏，三宿而为帝所命治水。』（尚书益稷正义引）

伪孔传云：

『辛日娶妻，甲日复往治水，不以私害公。』

张守节云：

『禹辛日娶，至甲四日往理水。』（史记夏本纪正义）

这都以为辛壬癸甲是禹娶涂山氏女后四天，禹以辛日娶妻，甲日即前往治水。

史记夏本纪：

『禹曰：「予辛壬娶涂山，癸甲生启，予不子，以故能成水土功。」』

这是以辛壬日禹与涂山氏女结婚，癸甲日生子启。

王逸天问注云：

『以辛酉娶，甲子日去，而有子也。』

这和司马迁之说相近。

列女传母仪篇：

『启母者涂山氏长女也。夏禹娶以为妃。既生启，辛壬癸甲，启呱呱而泣，禹去而治水。』

这似又以辛壬癸甲为启生后四日。

说文：

『嵞，会稽山，一曰九江当嵞也。民俗以辛壬癸甲之日嫁娶。』

吴越春秋：

『禹因娶涂山，谓之女娇。取辛壬癸甲。禹行十月，女娇生子启。启生不见父，昼夕呱呱啼泣。』

这似又以辛壬癸甲四日为禹结婚之日。

很明显，这些解释没有一种对这句话解释得明白通畅，都是些想象猜测。吕氏春秋伪孔传谓禹辛日娶妻，甲日前往治水。文中只要说辛日甲日就行了。为什么说辛壬癸甲呢？癸和甲两个字又怎样解释呢？司马迁之说更不可通。从辛日到甲日只存四日，怎么结婚四日就生子呢？这是理所必无。所以司马贞谓此说是：『不经之甚。』而且这样解释，文义也说不过去。不论结婚或分娩都是一日内的事，怎么能说辛壬娶妻、癸甲生子呢？

这里最难解释的是辛壬癸甲四个字。我疑这是指吉凶宜忌之日而言的。辛壬是吉日，是宜行事之日，癸甲是凶日，是不宜行事之日。这是与上面的『娶于涂山』，下面的『启呱呱而泣』并举的，而不是相联系的。这是说禹勤劳治水，他娶妻之日，辛壬癸甲吉凶之日和生子之日，都不稍休息停止。这样解释，这句话便清楚明白，字字可通而无扞格。

1981年7月11日草于芜湖赭山

贾田应是卖田

1975年，陕西岐山县童家村出土铜器有卫盉及卫鼎，铭辞记载了『⿱宀貝田』的事。此二器上之铭辞发表以后，引起历史学者的重视。因为这关系到西周的土地制度。这是我国古代史上的一个重要问题。对于『⿱宀貝田』如何解释，现在还没有一致的意见。有人说『⿱宀貝』是『贮』字，义为赐予，『⿱宀貝田』是赐田。有人说『⿱宀貝』读为『租』，『⿱宀貝田』是租田。有人说『⿱宀貝』是『贾』字，『⿱宀貝田』是交换土地。由于对『⿱宀貝田』的解释不同，对于西周的土地制度乃至社会性质的看法也就不一样。

这里关键是在『⿱宀貝』字，如这个字正确地认识了，问题便可迎刃而解。

这个字释『贮』，义为赐或租，都是前人的说法。现在我们把他们的解释重新审度一下，看看是否正确，这个字究竟是什么字，如何解释为合理。

颂鼎：

『隹三年五月既死霸甲戌，王在周康邵宫。旦，王各大室，即立。宰弘右颂入门立中廷。尹氏受王令书，王乎史虢生册令颂。王曰：颂，令女官嗣成周⿱宀贝廿家，监嗣新造⿱宀贝用宫御。……颂拜首。受令……』

『⿱宀贝』阮元释『贮』，义为贮积。『监嗣新造贮用宫御』是『命掌积聚以充宫御之用』[1]。王国维说：『贮予古同部字。贮廿家犹云锡廿家也。贮用宫御犹云锡用宫御也。』[2]郭沫若说：『贮用宫御，宫御乃谓锡用宫中之执事者。』[3]杨树达说：『贮』读为『纻』，『命女官嗣成周纻廿家，监嗣新造纻者，王命颂掌治成周织纻之户廿家，监新造纻之事，以备宫中之用也』[4]。

这些解释很明显是不正确的。『⿱宀贝』字金文作『⿱宀贝』，『贮』字则作『⿴宁贝』，二字字形很明显不相同。二字字形不同，怎么肯定『⿱宀贝』就是『贮』字呢？这对字形的认识就说不过去。尤其重要的，此字释『贮』，辞义无一可通。阮元说『监嗣新造⿱宀贝用宫御』是『命掌积聚以充宫御之用』，这对这句话没有解释，只是猜测其语意而已。王国维以『贮』古音与『予』同部，就谓『贮』义为『锡』字，这种解释显然以臆为之。『贮廿家犹云锡廿家』，也不可通。如王氏所说，『锡廿家』自是赏赐廿家，既然赏赐，则应有受赐者，这里受赐者是谁呢？赏赐而没有受赐者。这在辞文上就说不过去。辞云：『令女官嗣成周⿱宀贝廿家』，若如王氏所说：令颂主管赏

①积古斋钟鼎彝器款识。
②观堂别集 颂鼎跋。
③两周金文辞大系 颂鼎考释。
④积微居金文说 颂鼎跋。

赐廿家。这廿家已经赏赐给人，为什么还要周王派主管呢？这在事理上也说不过去。王氏说：『贮用宫御犹云锡用宫御』，『锡用宫御』也不成语句，什么意思叫人不懂。郭沫若说：『贮用宫御』『乃谓锡用宫中之执事者』，这仍和王国维所说的一样，只是把『宫御』说为宫中执事者而已。这句话的意思仍旧不明白。杨树达谓『贮』读为『纻』，『成周纻廿家』是成周织纻之户，这也难说得过去。织纻之户单称称『纻』，在我国语言里不见有这样的用法。这些解释无一把字义说清楚、把语句讲通了的，都只是凭想象猜测辞意。其所以如此，就在错误地把『⿱宀贝』字认为『贮』字。字既认错，辞义自然讲不通，曲解乱猜就自然不可避免。

这个字实是『贾』字。这里最值得注意的是『⿱宀贝用』二字。这两个字过去学者都没有深入地考察，都未得其解。这里『⿱宀贝用』二字应该连续。尚书酒诰：『肇牵车牛远服贾用，孝养厥父母。』伪孔传于『贾』字断句，『用』字属下读。解释云：『农功既毕，始牵车牛，载其所有，求易所无，远行贾卖，用其所得珍异孝养其父母。』后世许多人也都这样读，这样解释。按白虎通商贾篇：『商之为言，商其远近，度其有亡……以待民来，以求其利者也。……尚书曰：肇牵车牛远服贾用，方言远行可知也。』班固显以『贾』『用』连读。诗小雅正月疏论语为政疏引酒诰也都作『肇牵车牛远服贾用』，孔颖达和邢昺也都以『贾』『用』连读。诗谷风：『既阻我德，贾用不售。』郑玄笺云：『既难却我，隐蔽我善，我修妇道而事之，觊其察己，犹见疏外，如贾物之不售』，也不是『贾』『用』分读。从诗句讲，这两个字也非是连读不可。从郑玄的解释看，『用』义当为出售的物品。我以为此处『用』即器用之『用』。我国古代对于器物总是器用连起来说，如隐公五年左传：『其材不足以备器用，则君不举焉。』又云：『若夫山林川泽之实，器用之资，皂隶之事，官司之守，非君所及也。』其实器和用是有区别的。说文云：『器，皿也。』又云：『皿，饭食之用器。』又云：『有所盛曰器，无所盛曰械』，器是指饮食用具如鼎鬲盘盂等及其他可以盛物的器。农工使用的工具、兵器及其他的用具称为『用』。如昭公十二年左传：『郑简公卒，将为葬。除，及游氏之庙，将毁焉，子太叔使其除徒执用以立，而无庸毁。』疏云：『用谓毁庙之具，若今锹镬之属。』国语周语：『命农大夫咸戒农用。』韦昭云：『用，耒耜之属。』盐铁论本义篇：『故工不出，则农用乖；商不出，则宝货绝。农用乏，则谷不殖；宝货绝，则财用匮。』盐铁论本义篇又云：『故圣人作为舟楫之用以通川谷』，是舟楫也称为用。我国古代铸造兵器都说作『用』。如吉日剑：『吉日午壬，作为元用。』梁伯戈：『梁伯作宫行元用。』①可知兵器也称『用』。『贾用』当就是出卖用物。『贾用』盖是殷周时的习语。『贾用』是殷周时的习语，由此可以推知『[宀+贝]用』也必就是『贾用』。『[宀+贝]』字可以肯定必是『贾』字。『[宀+贝]』是『贾』字，则这两句话便文通字顺，明白易晓。『令女官嗣成周贾廿家』，是说任命颂管理成周的贾人廿家。古代工商食官，商人是由国家管理的。1965年，陕西新平县征集铜器有膳夫山鼎，铭辞云：『王曰：山，令女官嗣歙人于冕，用入[illegible]

①缀遗斋彝器款识考释。

司贾。』①『司贾』显是官名。这必是管理商贾之官。此器的书法和锡物扬休之辞与颂鼎完全相同，当是同一王时之器。这说明当时确实已有从事商业的商人，已设置官员管理商贾了。『监嗣新造贾用宫御』，『新造』疑即是指成周。尚书召诰：『周公朝至于洛，则达观于新邑营。』『周公初于新邑洛。』柬鼎：『王柬奠新邑。』周初称洛为新邑，以后沿袭不改，仍称洛为新邑。『新造』疑意即为新造之邑。『御』，杨树达谓义为用，甚是。吴王夫差监：『择氒吉金自作御监』，史记宋微子世家：『彼为象箸，必为玉桮，为玉桮，则思远方珍怪之物御之矣』，『御』义显为都用。『宫御』是谓宫中的用物。『监嗣新造贾用宫御』，是论监督管理成周的市易和宫中的用品。

兮甲盘：

王令甲政嗣成周四方责，至于南淮尸。淮尸旧我⿱白贝畮人，毋敢不出其⿱白贝其责。其进人其⿱宀贝，毋敢不即餗即市。敢不用令，则即井⿸广菐伐。其隹我诸侯百生嗣⿱宀贝，毋敢不即市，毋敢或入䜌妄⿱宀贝，则亦井。兮伯吉父作般，其眉寿万年无疆，子子孙孙永宝用。

『王令甲政嗣成周四方责』。孙诒让云：『政征字通，责积之省，谓征敛委积之事。』②王国维

①陕西省博物馆：陕西省博物馆新近征集的几件西周铜器，文物1965年第7期。
②古籀余论。

云：『责读为委积之积，盖命甲征成周及东诸侯之委积。』① 杨树达云：『政与征同，往也。……责者，王静安读为委积之积，是也。……言王命兮甲往治成周及诸侯国邑乃至南淮夷之委积。』②

『政』实应读为『正』。

颂鼎：『王曰：令女官嗣成周贾廿家。』

杨簋：『王若曰：作嗣工，官嗣量田佃。』

𢦏簋：『王曰：𢦏，令女作嗣土，嗣耤田。』

『政嗣成周四方责』，与这些铭辞语例相同，『政』字义必与『官』相近。『政』和『正』古义相同，可以通用。如诗正月：『今兹之正，胡然厉矣』，传云：『正，政也。』战国策赵策：『彼即肆然而为帝，过而遂正于天下，则连有赴东海而死矣』，史记鲁仲连列传作『政』。『正』『政』原是一个字，初只作『正』，往后孳乳为『政』，所以通用。尔雅释诂云：『正，长也。』诗鸤鸠：『正是国人。』笺云：『正，长也。』诗斯干：『哙哙其正』，节南山：『覆怨其正』，玄鸟：『正域彼四方。』传并云：『正，长也。』尚书酒诰：『文王诰教有正有事』，『正』义也为长。墨子尚贤中：『尧舜禹汤文武之所以王天下、正诸侯』，墨子非命上：『古者汤封亳

①观堂别集兮甲盘跋。
②积微居金文说兮甲盘跋。

……而王天下，政诸侯』，『政』与『正』通用，义也必为长。管子牧民篇：『故知时者可立以为长，无私者可置以为政，审于时而察于用而能备官者，可以奉以为君也。』『政』义更必是长。『政嗣』当就是『正嗣』，意与『官嗣』一样。

『责』，孙诒让等释为委积。周礼遗人：『掌邦之委积以待施惠，乡里之委积以恤民之囏阨，门关之委积以养老孤，郊里之委积以待宾客，野鄙之委积以待羁旅，县都之委积以待凶荒。』郑玄注云：『委积者廪人、仓人计九穀之数足国用，以其余共之，所谓法用也。……少曰委，多曰积。』据此，委积是国家国用开支以后，还有多余，分于各地储藏，以备救济和福利之用，储藏的处所称为委积，委积实也就是仓廪，征敛仓廪，这话怎么能说得通呢？所以『责』必不是委积。我以为『责』应如字读。说文云：『责，求也。』桓公十三年左传：『宋多责赂于郑，郑不堪命。』『责』义显为求。考『责』又有征收之义。史记孟尝君列传：孟尝君放高利贷，命冯驩去收讨，孟尝君对冯驩说：『今客食恐不给，愿先生责之』，又说：『客食恐不足，故请先生收责之。』『责』义显为收，左传僖公四年齐楚召陵之会，管仲曰：『尔贡包茅不入，王祭不共，无以缩酒，寡人是征。』史记齐太公世家作：『楚贡包茅不入，王祭不共，是以来责』，更足见责义为征。成公二年左传：『无德以及远方，莫如惠恤其民而善用之，乃大户，已责，逮鳏、救乏、赦罪。』成公十八年左传：『晋悼公即位于朝，始命百官，施舍，已责，逮鳏寡，振废滞，匡乏困。』昭公二十年左传：『使有司宽政、毁关、去禁、薄敛、已责。』这几处

『责』杜预都释为『逋债』。这是错误的。如『责』是『逋债』，则春秋时，楚、晋、齐等国诸侯已放高利贷了；这与历史事实不合。春秋时，除齐田氏放高利贷以外，不闻诸侯有放高利贷者。释『责』为『债』，语法也不可通。『已责』『已』义为停止，是个动词，后面一个字也必须是动词，如若『责』为『债』，则是名词，语法不合。此处『责』是动词，义也必是收责、征收。『已责』是说停止征收。此铭『责』是名词，当为征收之物，即贡赋之类。『责』原义为征收，后来引申，征收之物也称为『责』。『王令甲政嗣成周四方责至于南淮夷』，是说命兮甲主管成周附近四方诸侯及南淮夷缴纳的贡赋。当时向成周附近诸侯及南淮夷征收的贡赋都集中于成周，故在成周设官以主管其事。

『淮尸旧我貟畮人，毋敢不出其貟其责。』『貟』或又作『員』，即是『帛』字。『畮』说文以为即是『畂』字。此字郭沫若谓当读为『贿』，『貟畮人者犹言赋贡之臣也。』[1]杨树达说，『畮』『盖当读贸』，『淮夷旧我貟畮人，谓淮夷本为以帛与周相贸易之人也』[2]。这种解释显都是凭自己的想象改字臆度的。『貟』『畮』都应如字读，『责』是贡赋。『帛畮人』就是织帛种田的人，也就是纳『责』的人。『帛畮人』师寰簋作『帛畮臣』，南淮夷原是臣服于周的，所以要向周缴纳贡赋。这句话是说南淮夷原是周的纳贡赋人，不敢不出其应纳的帛和贡赋之物。从这句话看，

①两周金文辞大系 兮甲盘考释。
②积微居金文说 兮甲盘跋。

『责』和『帛』似有区别的，是不同的实物。『帛』就是布帛，即孟子所说的『布缕之征』，『责』所征收的是什么，还难确指。

这种征『责』的制度，看来早就有了。殷器有小臣□鼎，铭辞云：

『王易小臣□（缶）湡责五年。缶用作亯太子乙家祀隮。□父乙。』①

『责五年』是什么意思？从辞义看，非是所征收的赋税不可。『湡』是地名。说文云：『湡水出赵国襄国之西山，东北入寖。』汉书地理志赵国云：『西山渠水所出，东北至任入寖，又有蓼水、冯水，皆东北至朝平入湡。』（段玉裁云：渠水当为湡水之误）『湡』应就是在湡水附近的地方，也即在今河北邢台附近。『王易小臣□责五年』，必是说把湡这个地方五年的赋税赏赐给小臣□，也即由他征收。这里说『大子乙』，此器必是乙为太子时所作。殷晚期诸王以乙名者有武乙和帝乙，此器应不是康丁时所作，便是文武丁时所作。据此，殷代就已有征税的制度了。又吕氏春秋慎火篇：『命周公旦进殷之遗老而问殷之亡故。又问众之所说，民之所欲。殷遗老对曰，「欲复盘庚之政，发巨桥之粟，赋鹿台之钱，以示无私，出拘救（赦之误）罪，分财弃责以振穷困。」』『弃责』也必是停止征收赋税。这也可以说明殷已有『责』了。考卜辞有云：『癸巳卜，令収责，杞』（乙八八八九），这也必是命令杞国缴纳贡赋。殷代已有征收赋税的

①三代吉金文存。

制度，必无可疑。

『其进人其⿱宀贝，毋敢不即餗即市，敢不用令，则即井𡰥伐。』郭沫若谓：『进人者力役之征也。』释『⿱宀贝』为『贮』，『其贮者关市之征也』。[1]杨树达释『进人』为『纳入』，『⿱宀贝』为『贮』。义为委积，『即』是谓『交付』，『餗』为『次』，是行军所止之处，『即次谓取其贮积付于王之军次，即市谓付与市场』[2]。这很明显都是错误的。这都没有把这句话解释通顺，而只是没有根据地凭臆想猜测辞意。我以为『进人』即是进入境内的人，『⿱宀贝』是『贾』字，义为市易，『其进人其贾』是说进入境内的做生意买卖。『餗』释『次』是对的，但谓是军行所止之处，则不正确。卜辞有云：『在魡餗，只中田』（前一·三三·一），『（缺）在⿱罒半餗，贞，往来亡𢦏』（前二·一·六），『餗』显都不是军行所止之处。这句话是说，进入境内的人做生意买卖，必须要到一定的地方和市上去，如不服从命令，就要处以刑罚乃至讨伐。

『其隹我诸侯百生厥⿱宀贝，毋敢不即市，毋敢或入䜌安⿱宀贝，则亦井。』『百生』即『百姓』。『䜌』旧都释『⿵門䜌』，不可通。郭沫若释『蠻』，是正确的。金文『蠻』都假用『䜌』。『安』即是『宄』字。说文『宄』字古文作『㝂』，『安』字之省。说文云：『宄，奸也。』『⿱宀贝』是『贾』字。这是说周之诸侯百姓做生意，也必须要到市上去，不得非法地进入蛮夷境内做生意，否则

①两周金文辞大系 兮甲盘考释。
②积微居金文说 兮甲盘跋。

也要处罚。

格伯簋：

隹正月初吉癸巳，王在成周。格伯取良马乘于倗生，氒賈卅田，则析。格伯还，殹妊彶仡氒从。格伯厌，彶佃殷氒纫：雩谷杜木，遇谷旅桑，涉东门。氒书史戠武立盟成𠷎。铸保簋，用典格伯田。

『取』字郭沫若和杨树达都释『受』，『賈』郭释『贮』，『读为租』，『格伯取良马乘于倗生，氒贮卅田』是『言格伯付良马四匹于倗生，其租为卅田』。[1]学者以『賈』义为租，即根据于此。『賈』不是『贮』字前面我们已经说过，这姑且不说。『贮』何以『读为租』呢？这在训诂上无根据。颂鼎的『賈』字郭谓义为锡，兮甲盘的『賈』字义为『关市之征』，此文谓『读为租』，三者不同。可见郭老对这个字没有确切的认识，只是随文生训。杨树达谓『賈』，『疑读为贾』。他说，『氒賈卅田，賈疑读为贾，即今价值之价，谓其价卅田也』[2]。颂鼎『賈』字杨氏释『贮』，说『当读为纻』，兮甲盘『賈』字也谓是『贮』字，义为委积，这里又谓『疑读为贾，义为价，与前不同』。可见杨氏对这个字也没有确切的认识，也只是望文生义。

『取』字容庚、吴闿生、于省吾都释『取』，是正确的。这个字写得有点潦草，不甚整齐，

①两周金文辞大系·格伯簋考释。

②积微居金文说·格伯簋跋。

但从偏旁仍可以看出是『取』字。『格伯取良马乘于倗生』，是说格伯向倗生取良马一乘，郭沫若说『格伯付与倗生良马一乘』，是错误的。『賈』是『贾』字。说文云：『贾，市也。』『贾』是买卖，在此义为卖，『格伯取良马乘于倗生，氒贾卅田』，是说格伯向倗生取了四匹好马，把卅田卖给他。

『则析』是说分田。倗生买了格伯的田，把所买的田划分出来。学者或谓是析券，是不正确的。

『格伯还，殴妊彶佫氒从。』『殴妊』和『佫』杨树达以为是人名，是正确的①。『彶』即是『及』字，在此是连接词，所以『殴妊』和『佫』非是人名不可。这是说格伯还，殴妊和佫二人随从。这两个人疑是倗生的人。

『格伯⿸厂女，彶佃殷氒纫。』『⿸厂女』即『安』字。吴闿生谓『安』为『按视』，杨树达谓『按行』，都正确。『彶』是『及』字。『佃』字学者多释『甸』。杨树达谓『甸谓田之所在』②。容庚金文编云：『佃』『与甸为一字』，引魏三字石经侯甸古文作佃。按甲骨文和金文，侯甸字用『田』，郊甸字用『奠』。魏三字石经用『佃』为『甸』，当是后世改用的。『甸为田之所在』，辞义难通。说文云：『佃，田中也』，与此辞义也不合。此字从『田』从『人』，我以为初义盖是

①积微居金文说格伯簋跋。
②积微居金文说格伯簋跋。

种田的人，即农民。柞钟：『嗣五邑佃人事。』①杨簋：『王若曰：作嗣工，官嗣㯱田佃。』『佃』非是指农民不可，『般』字我以为即尧典『日中星鸟，以殷中春』之『殷』。尔雅释言及伪孔传都云：『殷，正也。』『纫』字不识，从文义看，义当为田界。『格伯安，彶佃殷氒纫』，是说格伯按行，和农夫一道勘正田界。这个田界是从雩谷、杜木经遇谷旅桑到东门。

『氒书史戠武立盟成𨛜。』这句话有的字难认，很难通读，过去解释很乱，都未能得到正确的解释。我以为『书史』当是官名，应是倗生的属吏。『戠武』孙诒让以『武』为人名。②杨树达以『戠武』为人名，都难通。我以为『戠』乃是『植』字的本字，郭忠恕汗简云：『戠，古文植。』『武』字在此义难明，疑读为『庐井有伍』之『伍』。『盟』字学者或释『釁』，或释『盄』，或写作『盟』。我们审察字形，『釁』『盄』『盟』都不合，而应以释『盟』为当。此字从『闬』从『皿』，盖是『闬』字的别构。『𨛜』字有人以为是说文的『𨛜』字，义为邻道。辞义难通。我们以为仍是『邑』字，是『邑』字的别体。『氒书史戠武立盟成𨛜』，是说命书史建立里闬庐井成邑，邑是村邑，不是都邑。

『用典格伯田。』郭沫若谓『典如今言记录或登记』③。杨树达说：『典，常也，典常有今言

---

①陕西省文物管理委员会：陕西兴平凤翔发现铜器，文物1961年第7期。

②古籀余论。

③两周金文辞大系 格伯簋考释。

确定之意。或谓典当读为奠，奠，定也，记田之地界于宝毁，故为定也。』①这显然都是臆想的话。这句话实是很清楚、很易懂的。『典』义实为主管。广雅释诂云：『典，主也。』尚书皋陶谟：『女有能典朕五祀』，『以夔为典乐』。克盨：『王令尹氏史趛典善夫克田人。』『典』义都为主。这也就是说文之『敟』字。说文云：『敟，主也。』『用典格伯田』，是说以主管格伯的田，也即他卖给倗生的卅田。

上面我们把过去对『𧶠』字的考释重新考察了一下，为了说明得更清楚点，把有关的铜器铭辞也重新研究了一下。从上面的考释看，可知此字决不是『贮』字，释『贮』是错的。这个字可以肯定是『贾』字。『𧶠』是『贾』字，则『贾田』是必卖田无疑。

现在我们再说卫盉及卫鼎。卫盉：

隹三年三月既生霸壬寅，王爯旂于丰。矩伯庶人取堇章于裘卫，才八十朋，氒贾其舍田十田。矩或取赤虎两，麀䍩两，䍩韐一，才廿朋，其舍田三田。裘卫狱告于伯邑父、焚伯、定伯、琼伯、单伯。伯邑父、焚伯、定伯、琼伯、单伯乃令参有嗣：嗣土，敚邑嗣马，单旟司工，邑人服众受田。

『矩伯庶人取堇章于裘卫，才八十朋，氒贾其舍田十田。』与格伯簋『格伯取良马乘于倗生，氒贾卅田』，语例完全一样，这必是矩伯应人卖田给裘卫。『才』假为『财』。按『朋』是贝

①积微居金文说格伯簋跋。

的计算单位，这里为什么不称贝而称财呢？广雅释诂云：『财，货也。』说文云：『货，财也。』『财』在此义盖为财货，用现在的话说就是钱财，当时贝已成为财货。这句话是说矩伯庶人向裘卫取了堇章，合财八十朋，把十田卖给他。『矩或取赤虎两，麀𠦪两，𠦪韐一，才廿朋，其舍田三田』，这是说矩又向裘卫取了赤虎等物，合财二十朋，把三田卖给裘卫。从这种情形看，贝已是衡量物价的标准了。在当时，贝不仅是财物，也已是交换的媒介了，也就是有货币的作用了。『裘卫狱告于伯邑父』云云，是说裘卫买了田以后，告诉伯邑父等，请他们作证。他们派人参加把田交给裘卫。

这里有一点似值得推敲，『矩伯庶人』应如何解释？这篇铭辞记述了两次卖田，一是矩伯庶人取堇章于裘卫卖十田，一是矩取赤虎等物于裘卫卖三田。学者有人以为这是矩伯一人的田。如这都是矩伯的田，是矩伯一人所卖，则此事与矩伯庶人无关，那只需说矩伯即可，为什么要提到矩伯庶人呢？又何必分开叙述呢？这在行文叙事上是说不过去的。『矩伯庶人取堇章于裘卫，才八十朋，氒贾其舍田十田』非常明白，这乃是矩伯庶人卖田。我疑这不是矩伯一人卖田，而是矩伯和矩伯庶人两人卖田。因为两人同时卖田，同卖给裘卫，同时将田交给他，所以裘卫铸器时，把它记在同一篇铭辞里。如我这种推测不误，则就有个问题，即西周时，庶人也有田，他们的田也可以买卖了。

五祀卫鼎：

隹正月初吉庚寅，卫吕邦君厉告于刑伯、伯邑父、定伯、琼伯、伯俗父曰：厉曰：余执龚王卹工于昭大室，东逆焚二川。曰：余舍女田五田。正乃讯厉曰：女贾田不？厉乃许曰：『余审贾五田。刑伯、伯邑父、定伯、琼伯、伯俗父乃顜履。厉誓。乃令参有嗣，嗣土，邑人赴，嗣马颎人，邦嗣工陖（附），内史友寺刍师履裘卫厉田四田。乃舍寓于氒邑。氒逆疆众厉田，氒东疆众散田，氒南疆众散田众政父田，氒西疆众厉田，邦卫田。

『贾田』也是『卖田』。这是厉卖给裘卫，裘卫向邢伯、伯邑父、定伯、伯俗父等报告，请求作证。邢伯等讯问厉，厉承认确实卖了五田。邢伯等乃派人履勘厉所卖田四田的田界田至，将田交给裘卫。

『贾田』是『卖田』，西周时代已有土地买卖，似无可置疑。

这里有一点我想说一下。学者考释此二器，谓『贾田』不是买卖土地而是锡田或租田或是交换土地，除了对『贾』字没有认真地考证，而只沿袭错误的旧说以外，还有一条理由，即西周是奴隶社会，土地为周王所有，土地私有制还没有出现，不可能有土地买卖。这个理由正确不正确？能不能用作论据？这是不正确的，不能作为论据。我们考释铜器铭辞，首要的是把铭辞考释清楚，正确地认识文字，通读辞句，正确地考明辞义，其所记述的内容是什么，是由铭辞本身来说明。我们研究时，不应存有任何先入之见。说西周是奴隶社会，土地为周王所有，还没有土地私有制，土地不能买卖。这就有了个前提，我们的研究就必须在这个前提下进行，解释就必须要符合这个前提。这无异先有个框框，不能越出这个框框，这样就束缚了我们的思考。同时，作为一个前提，必须是正确的理论或确凿的事实。西周社会是什么性质，是不是奴隶社会，奴隶社会是不是还没有土地私有制，土地是不是就不能买卖？这些都是还有待解决，没有定论的问题。用这样一种不能确定的说法作为根据来论证西周土地不能买卖，怎么能立得住脚呢？由于这种论证方法不正确，硬要解释符合西周土地不能买卖，于是便不可避免地产生曲解，曲解自然不符合真实，就自然得不到正确的认识。

1984年4月21日于芜湖赭山

原载安徽师大学报（哲学社会科学版）
1986年第3期，第51—58页

关于周室东迁的几个问题

周室东迁是周代盛衰的转折点，关系是非常重要的。但历史关于周平王时期的记载却很少。孔子作春秋，起于周平王四十九年，这以前四十余年的历史真相毫不清楚。关于周室东迁的记载也还有许多地方值得怀疑。这里我想提出几点来谈一下，也许对这段历史的了解有些微的帮助。

一

周平王东迁是被犬戎所逼迫的。史记周本纪述此事的经过云：

『幽王嬖爱褒姒。褒姒生子伯服。幽王欲废太子，太子母申侯女而为后。后幽王得褒姒，爱之，欲废申后，并去太子宜臼，以褒姒后，以伯服为太子。……竟废申后及太子，以褒姒为后，伯服为太子。……申侯怒，与缯、西夷、犬戎攻幽王……遂杀幽王骊山下，虏褒姒，尽取周赂而去。于是诸侯乃即申侯而共立故幽王太子宜臼，是为平王，以奉周祀。平王立，东迁于洛邑，辟戎寇。』

这里不能不令人怀疑：申侯因幽王废申后和太子，联合犬戎攻杀幽王，那犬戎原是申侯的与国，也是支持周平王的，为什么后又进攻平王，迫使平王东迁呢？

这只有一个解释，自犬戎杀周幽王以后，又背叛了周平王。然则犬戎何以又背叛周平王呢？

昭公二十六年左传云：

『至于幽王，天不吊周，王昏不若，用愆厥位。携王奸命，诸侯替之，而建王嗣，用迁郏鄏。』

正义引竹书纪年云：

『平王奔西申，而立伯盘为太子，与幽王俱死于戏。先是，申侯、鲁侯、许文公立平王于申，以本太子，故称天王。幽王既死，而虢公翰又立王子余臣于携，周二王并立。二十一年，携王为晋文侯所杀。以本非适，故称携王。』

据此，周平王东迁的时候，实另有王子余臣也立为周王。平王东迁也因为王子余臣立为王的缘故。

把这两件事联系起来看，很显然，二者必就是一件事。据竹书纪年，王子余臣是周幽王的庶子，虢公翰是什么人不能确知。周幽王亲信虢石甫，周幽王以他为卿士。虢公翰是否就是虢石甫很难确定。雷学淇认为其是东虢之君（竹书纪年义证），也不可信。不论怎样，王子余臣和虢公翰是周的贵族则无问题。当申侯和犬戎、吕、许杀幽王于骊山之下的时候，申侯的势力实非常强大，周已完全被他们击败，虢公翰和王子余臣凭借什么力量能反击申侯并逼平王东迁呢？我们认为这主要的就是犬戎。换句话说，虢公翰和王子余臣是恃犬戎的力量击败了申侯和平王。

犬戎最初是与申侯联合支持周平王的，他以后又背叛平王，我们怀疑，这乃是因为犬戎杀幽王以后，也想发展自己的势力。申侯联合犬戎、缯、许等国进攻周，但将周击败，杀周幽王的却是犬戎。这由史记齐、鲁、燕、晋、卫、楚等国世家都说犬戎杀幽王便可推见。由此可知，在这次战争中，犬戎的力量实为最强。我们怀疑，就因为犬戎势力最强，当它杀幽王以后，也就想扩强自己的势力，独树一帜。因此，它便利用虢公翰另立王子余臣为王。王子余臣乃是犬戎所立的傀儡。因为犬戎立王子余臣为王，于是便背叛了平王。平王为犬戎所攻，乃东迁洛邑。我们分析前后的事实，此事的真相应该是如此。

二

发动攻周幽王的是申侯。申国旧都以为在南阳。汉书地理志云：『宛，故申伯国。』括地志云：『故申城在邓州南阳县三十里。』（楚世家正义）

我们怀疑此时申实还在西方，它也是被犬戎所败，与周同时东迁的。竹书纪年云：『平王奔西申』，申称为西申，可知此时申不在东方。史记秦本纪云：

『非子居犬丘，好马及畜，善养息之。犬丘人言之周孝王，孝王召使主马于汧渭之间，马大蕃息。孝王欲以为大骆适嗣。申侯之女为大骆妻，生子成为适。申侯乃言孝王曰：「昔我先骊山之女为戎胥轩妻，生中潏，以亲故归周，保西垂，西垂以其故和睦。今我复与大骆妻，生适子成。申骆重婚，西戎皆服，所以为王，王其图之。」』

据此，申与秦实屡世婚姻之国。申与秦屡世婚姻，可知必与秦相去不远。又申侯说：『申骆重婚，西戎皆服』，申当也是西戎的国家。后汉书西羌传云：『明年，王征申戎，破之』，更足证申必定是戎。周语云：『宣王三十九年，战于千亩，王师败绩于姜氏之戎。』以后汉书西羌传所述的年代计算，这正与宣王破申戎同一年。申是姜姓，疑姜氏之戎就是申戎。竹书纪年与周语记载这次战争胜败不同，当是因为传说不同。韦昭谓姜氏之戎是『西夷之别种』（周语注），足以证明申当是西戎的部落。

申原是西戎的部落。竹书纪年称申为『西申』，我们想，『西申』乃是对东申而言的，犹之西周、西晋一样。平王奔西申，足知申当时还没有东迁。

诗崧高是咏申伯邑谢的。这篇诗自来都以为是宣王时代的诗，申伯也是宣王时候的人。但若照我们这样的考察，这篇诗是否是宣王时代的诗，恐怕不无疑问。

以崧高为宣王时代的诗，除了说诗者这样说以外，别无其他的根据。这篇诗里，主要的是申伯这个人和申伯邑谢这件历史事实。这除了根据这篇诗以外，也别无其他任何佐证。所以以崧高为宣王时候的诗，很难令人相信。

我们看，这篇诗实是平王时候的诗。这是述平王时候申侯东迁的。崧高说申伯是『王之元舅』，这正是平王的外家申侯。诗云：『我图尔居，莫如南土。』『王命召伯，定申伯之宅。』『王命传御，迁其私人。』『申伯之功，召伯是营，有俶其城，寝庙既成。』这是王为申伯选择新的国土，迁徙人民，营立宗庙，也就是为他建立一个新的国家。

中国东迁，疑心也因为它为犬戎所败。当申侯联合犬戎及缯、许等国进攻幽王的时候，申实是个强国。国语郑语述当时的情形：『申吕方强』也说申是强国。申原是强国，又是平王的最主要的支持者，当平王为犬戎所攻的时候，申何以不能保障平王而致平王被迫东迁呢？可以推想，这必定是申为犬戎所击败。

王风扬之水述周人戍申、戍甫、戍许。诗序谓扬之水是平王时候的诗。季札颂王风也说：『美哉！思而不惧。其周之东乎！』扬之水是平王时候的诗当无疑问。平王时候，为什么要派兵戍申、甫、许三国呢？疑因为这三国都为犬戎所败，新从西方迁来，民少力弱，所以周派兵助守。

三

与周同时东迁的，旧史说，还有郑国。旧时史家都说，郑桓公为周司徒，幽王时，王室将乱，桓公谋于史伯，史伯劝他寄孥于虢郐之间。及犬戎攻幽王，郑桓公也被杀，其子武公便迁于东方。

我们看，这恐也不确。

郑最初封地在什么地方自来就有问题。汉书地理志京兆郑县，班固云：『周宣王弟郑桓公邑。』以后郑玄、应劭、宋忠、司马贞都说郑桓公封于西郑，即京兆的郑县。臣瓒云：『周自穆王以下都于西郑，不得以封桓公也。初桓公为周司徒，王室将乱，故谋于史伯而寄孥于虢郐之间。幽王既败，二年而灭郐，四年而灭虢，居于郑父之丘，是为郑桓公，无封京兆之文。』（汉书地理志注）这又以郑桓公没有封于郑。郑桓公不但没有封于郑，而且在周幽王以前根本没有受封。他取郑父之丘乃是平王东迁以后的事。犬戎灭周，郑桓公也没有被杀。桓公十三年公羊传云：『古者郑国处于留。先郑伯有善于郐公者，通乎夫人以取其国，而迁郑焉，而野留。庄公死，已葬，祭仲将往省于留，涂出于宋，宋人执之。』这又说郑最早的封地是留，而留在宋的东面。

郑桓公封于西郑之说，我们觉得是可疑的。这种说法可以看出实是由国语郑语和史记郑世家推测的。国语郑语说王室将乱，郑桓公谋于史伯，史伯劝他寄孥于虢郐之间，没有说郑桓公封于郑，也没有说郑桓公寄孥于虢郐之间就迁于其地。郑世家说郑桓公封于郑，后又听史伯的话，迁人民于虢郐之间。并且说虢郐因献十邑，『竟国焉』。后世学者便根据这种记载推测郑桓公最初封于西郑，后寄孥虢郐之间，周室东迁以后，遂建国于其地。按国语郑语郑桓公与史伯的对话实完全是不可靠的，其中有许多与当时的情况不相符合。这段记载决不是信史。太史公据此以作郑世家，大概他也看出这段话与当时的情形不合，所以又加以修改。但太史公的修改也是以臆为之，没有什么真实的根据。国语郑语和史记郑世家的记载既不可信，则根据这两种记载来推测郑最初的封地自然也必不符合事实了。

臣瓒的说法也不正确。若照臣瓒之说，郑桓公在幽王以前根本就没有受封，郑之建国是在平王东迁以后，这不仅与相关的记载不符合，与当时的形势也有抵触。周平王东迁以后，主要的是依靠晋郑两国，当时郑实是个强国。如若郑在东迁之初才开始建国，当时正当残败之余，恐怕不能有这样的力量。臣瓒这段话是合国语郑语和竹书纪年而成的。这实是臣瓒误解了竹书纪年的年代。

我们疑心郑桓公最初就封于东方。

郑之始封是郑桓公，这是没有问题的。公羊传说，『古者郑国处于留』，这所谓『古者』必指郑桓公的时候，因为郑自武公以后一直居于新郑，只有桓公才有居于留的可能。又说苑也有相类似的记载。说苑权谋篇云：『郑桓公东会封于郑，暮宿于宋东之逆旅。』这更可以证明居宋东的是郑桓公。这种传说说郑自桓公封于宋东之留是否可信自属疑问，但这都足以暗示郑最初实封于东方。昭公十六年左传云：『子产曰：「昔我先君桓公与商人皆出自周，庸次比耦，以艾杀此地。」』这更足以证明郑自桓公时候起就居于郑了。孔颖达说子产这段话是指郑桓公寄孥于虢郐之间而说的（诗郑谱疏），实是拘于郑语强为解释。

郑灭虢郐郑语没有说是什么时候。郑世家说郑桓公『寄孥』于虢郐之间的时候，虢郐就献十邑。后世韦昭和孔颖达又说平王东迁以后，郑桓公子武公才灭虢。很明显，太史公是修改郑语的。韦昭和孔颖达则是根据郑语推测的。因为据郑语，郑桓公只寄孥于虢郐之间，不能就说灭虢郐。郑桓公寄孥虢郐之间不久，犬戎之乱暴发，桓公就被杀了，所以灭虢郐必在郑武公的时候。

按臣瓒引竹书纪年谓郑桓公灭郐。又韩非子内储说下云：『郑桓公将袭郐，先问郐之豪杰良臣辩智之士……』云云。这也以郑灭郐是在郑桓公的时候。先秦记载都说灭郐的是郑桓公，则灭郐的必是郑桓公而不是郑武公。

郑桓公灭郐的年代，臣瓒说：『幽王败后，二年灭郐，四年灭虢。』但水经注洧水引竹书纪年云：『晋文侯二年，周惠王子多父伐郐克之，乃居郑父之丘，名曰郑桓公。』据此，郑桓公灭郐实晋文侯二年而不是周平王二年。臣瓒之说实是错误的。晋文侯二年是周幽王三年。所以今本竹书纪年把此事系在周幽王三年。周幽王三年郑桓公就已灭郐，更足以证明西周时郑必就已在东方。

世本：『郑桓公居棫林，徙拾。』宋忠以为棫林就是西郑（郑世家索隐）。这显然不确。按襄公十六年左传，诸侯伐许，『夏六月，次于棫林。庚寅，伐许，次于函氏』。杜预云：『棫林、函氏皆许地。』此处棫林与郑近，最初郑桓公封国或许就在这里。

隐公六年左传：『我周之东迁，晋郑焉依。』周语：『我周之东迁，晋郑是依。』宣公十三年左传：『昔平王命我先君文侯曰：「与郑夹辅周室，毋废王命。」』『郑武公、庄公为平王卿士。』（隐公三年左传）周室东迁的时候，主要的是依恃晋郑两国。郑实是当时重要的国家。郑如此重要，可以想见当时郑必有相当强大的力量。如果说郑在周幽王之末始寄孥于虢郐之间，平王东迁，郑武公才随之东迁，则郑也是个新建的诸侯，它有这样强的力量便很难想象。我们说，郑实原就在东方，西周末的时候，它就已灭郐虢，犬戎杀幽王，郑实未受影响，所以平王东迁，它能成为周室主要的保卫者。

四

周室东迁以后，周与犬戎的关系也是值得研究的。

国语郑语：『秦景襄于是乎取周土。』注云：『及平王东迁，襄公佐之，故得西周丰镐之地。』（这不是韦昭注，大概是郑众、虞翻等旧注）郑玄云：『襄公平王之初兴兵讨西戎以救周，平王东迁王城，乃以岐丰之地赐之，始列为诸侯，遂横有周西都宗周八百里之地。』（诗秦谱）据此，似乎周东迁以后，犬戎就为秦襄公击退，西周丰镐之地就为秦襄公所取得。

夫戎攻杀幽王，逼迫平王东迁，宗周镐京之地全为犬戎所占。虢公翰立王子余臣于携。新唐书大衍历议云：『丰岐骊携，皆鹑之分，雍州之地』，携必就在镐京附近。镐京及其附近之地必为犬戎所占。史记秦本纪，平王对秦襄公说：『戎为无道，侵夺我岐丰之地。秦能攻逐戎，即有其地。』又平王赐秦襄公『岐以西之地』。据此，岐以东的地方全为犬戎所占。

西周丰镐之地，秦襄公实没有取得。史记秦本纪云：『襄公十二年，伐戎而至岐卒』，可知秦襄公没有击败戎就死去了。秦击退犬戎收复丰镐实在周平王二十一年。史记秦本纪云：『文公十六年，文公以兵伐戎，戎败走。于是文公遂收周余民有之，地至岐，岐以东献之周。』可知秦文公十六年，将犬戎完全击败，收复了丰镐之地。秦文公十六年即周平王二十一年。又昭公二十六年左传正义引竹书纪年云：『二十一年，携王为晋文侯所杀。』是王子余臣为晋文侯所杀。此处『二十一年』，今本竹书纪年即周平王二十一年，而王国维又说是晋文侯二十一年（古本竹书纪年辑考）。从文意上看，这实指周平王二十一年。周平王二十一年，晋文侯杀王子余臣，这正与秦文公败犬戎同属一年。由此可知，周最后驱逐犬戎实是晋秦两国东西夹攻。

晋秦击退犬戎以后，史记秦本纪说：『岐以东献之周』，宗周丰镐之地曾为周所收复。按诗黍离是平王时候的诗。序云：『黍离，闵宗周也。周大夫行役至于宗周，过故宗庙，宫室尽为禾黍，闵宗周之颠覆，彷徨不忍去，而作是诗也。』平王时，周大夫行役，能到宗周，这也足以证明镐京确曾为周所收复。又据史记秦本纪，秦自文公十六年击退犬戎以后，其间有三十五年没有向东发展，直至宁公二年（周桓王五年），始东伐荡社。秦这样长久的时间内不向东发展，这也可以推想此时岐以东之地是为周所有。

周丰镐之地最后丧失，疑在平王末年。后汉书西羌传云：『及平王之末，周遂陵迟，戎逼诸夏。自陇山以东及乎伊洛，往往有戎。于是渭首有狄豲邽冀之戎，泾北有义渠之戎，洛川有大荔之戎，渭南有骊戎，伊洛间有杨拒泉皋之戎，颍首以西有蛮氏之戎。』

平王末年，盖又有一次戎人大入侵，戎人深入中国内地。在这次戎人入侵中，丰镐之地又被戎侵占。而周也自此更一蹶不振。从此以后，秦人向东发展，逐渐吞灭诸戎。及至秦穆公，关中之地便尽为秦所有。

1957年1月草于芜湖狮子山

原载史学工作通讯1957年第1期，第1—7页

禹贡『锡贡』『纳锡大龟』『禹锡玄圭』解

禹贡扬州：『厥贡惟金三品，瑶琨篠簜，齿革羽旄惟木，岛夷卉服，厥篚织贝，厥包橘柚，锡贡。』豫州：『厥贡漆枲絺纻，厥篚纤纩，锡贡磬错。』『锡贡』如何解释，过去不一其说。郑玄说：『有锡则贡之。此州有锡而贡之，或时无则不贡。』[1]王肃说：『橘与柚，锡其命而后贡之，不常入，当继荆州之无也。』[2]伪孔传云：『锡命乃贡，言不常也。』宋蔡沈[3]、清胡渭[4]、王鸣盛[5]都从王肃及伪孔传之说。孙星衍从郑玄之说[6]。俞正燮说是『惟诸侯入见贡之』。他说：『荆州纳锡当如召诰之入锡。盖扬州橘柚，豫州磬错，荆州大龟，惟诸侯入见贡之，为大飨庭实也。以非常贡，故别复言贡。』[7]近人杨筠如谓『锡与贡古义略同』，『下之奉上亦通称曰锡。锡贡与厥贡之义不同者，盖锡为献纳之义，其义视贡为尤贵重，是特贡，非常制』[8]。

这些解释都不免是曲解。郑玄之说，胡谓和俞正燮都已加驳斥，豫州不产锡，怎么能贡锡

①尚书禹贡正义引。
②尚书禹贡正义引。
③见尚书集传。
④见禹贡锥指。
⑤见尚书后案。
⑥见尚书今古文注疏。
⑦癸巳类稿锡贡解。
⑧见尚书覆诂。

呢？这显是望文生义。王肃和伪孔传之说乃是增字为解，『锡命乃贡』。也是想当然耳。俞正燮没有解释『锡贡』的字义，其说也是没有根据的想象。杨筠如谓『下之奉上亦通称曰锡』，大概是根据段玉裁古文尚书撰异的，是正确的，但说锡贡『视贡为尤贵重，是特贡』，又不免是揣度了。

这句话确实难解。其所以难解，关键在『锡』字。人们只知道『锡』字为赐予。『锡』训赐予在这里无论如何都讲不通。因此，曲解也就必不可免。

按『锡』卜辞和铜器铭辞都用『易』字。后金文或又加不同的偏旁作『鍚』或『賜』，后世演变遂为『锡』和『赐』。『锡』『赐』和『易』实即是同一个字。

在铜器铭辞中，『易』字有几种用法：

禽簋：『王易金百寽，禽用作宝彝。』（两周金文辞大系）

吕齍：『王易吕鬯三卣，贝卅朋。』（两周金文辞大系）

剌鼎：『王易剌贝卅朋。』（两周金文辞大系）

庚赢卣：『王蔑庚赢历，易贝十朋。』（两周金文辞大系）

大簋：『王在奠，蔑大历，易刍骍犅。』（三代吉金文存卷八，四四页）

这都是上赏下的，『易』都可以训赐予。

能匋尊：『能匋易贝于氒咎公矢宙五朋，能匋用作文考日乙宝隮彝。』（三代吉金文存卷十一，三三页）

㬎白彝：『隹八月，㬎白易贝于姜，用作父乙宝隮彝。』（筠清馆金石文）

鬲尊：『鬲易贝于王，用作父甲宝隮彝。』（缀遗斋彝器考释）

邲卣：『己酉，王在梌，邲其易贝。』（三代吉金文存卷八）

这里『易』都不是上予下而是受赐。

上鄀公敄人簋：『上鄀公敄人作隮簋，用享孝于氒皇祖于氒皇考，用赐眉寿万年无疆。』（三代吉金文存卷八）

曾伯陭壶：『隹曾伯陭乃用吉金鐈鋚，用自作在醴壶，用飨宾客，为德无叚，用享用孝，客赐眉寿。』（三代吉金文存卷八）

克盨：『克其日易休无疆。』（三代吉金文存卷八）

师俞簋：『俞拜稽首，天子其万年眉寿黄耇，畯在位，俞其蔑历，日易鲁休。』（三代吉金文存卷八）

微䜌鼎：『䜌用享孝于朕皇考，用日易康勵鲁休屯右。』（三代吉金文存卷八）

齐侯钟：『齐侯作宝钟，用追孝于其父母，用易多福。』（缀遗斋彝器考释）

这许多『易』既不是赐予，也不是受赐，若释为赐与，更不可通。由这种情况看，『易』初义必不是赐予。

金文有『』字。𣪕叔簋：

『隹三月初吉癸卯，㪟叔□□于西宫，西宫贝十朋。用作宝簋。子子孙孙：万年永宝用。』

『贝十朋』与上举『易贝十朋』语例完全一样。『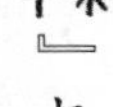』与『易』用法相同，义也必为赐予。这个字清吴荣光释『益』①。以后也有人同意此说②。说文『嗌』字籀文作『』形与『』相近。汉书百官公卿表：『作朕虞，育草木鸟兽。』应劭云：『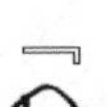，伯益也。』师古云：『，古益字。』这是古『益』字，可信。古代『益』字也有赐予义。易损六二：『或益之十朋之龟，弗克违，永贞吉』，损六五：『或益之十期之龟，弗克违，元吉。』闻一多谓『易益音同义通』，『益之即易之』。③按易『象曰：六五元吉，自上祐也。』这也可以说明『益』义确为赐予。又国语晋语：范宣子与大夫争田，后来听了訾祏的话，很高兴，乃益和田而与之和。这里『益』义也当是赐予。『益』与『易』相同，可以通用，我以为『易』初义即为益。上举铜器铭辞『用易多寿』『用易眉寿』，『易』都为益，即增益。这和后世『延年益寿』一样，是祈求长寿之辞。诗鲁颂泮水：『鲁侯戾止，在泮饮酒，即饮旨酒，永锡难老。』『锡』也当训益，过

①见筠清馆金石文。
②参看杨树达：积微居金文说㪟叔簋盖跋。
③参见闻一多：璞堂杂志余集乙。

去训赐予，当是错的。

考我国古代赐予、馈遗、赠送等多又训加益。例如尔雅释诂云：『貺，赐也。』国语晋语：『以众故，不敢爱亲，众况厚之。』韦昭并云：『况，益也。』

『遗』字，广雅释诂云：『遗，赠也，加也。』诗北门：『政事一埤遗我。』传云：『遗，加也。』

『俟』字，说文云：『俟，送也……吕不韦曰：「有侁氏以伊尹俟女。」』『俟』古书多作『膢』。这个字金文作『膢』。说文云：『臢，物相增加也，一曰送也。』『俟』和『膢』实都是『臢』字的省变。

『假』字有给予义。汉书龚遂传：『遂开仓廪假贫民。』汉书儒林传辕固生传：『使固入圈击彘。上知太后怒，而固直言无辜，乃假固利兵。』师古云：『假，给与也。』史记孔子世家：『假我数年，若是我于易则彬彬矣。』今论语作『加我数年』。

『赠』字义为赠送，也为增加。诗崧高：『吉甫作诵……以赠申伯』，传云：『赠，增也。』

按『曾』『增』『赠』等字义都为加益。说文云：『会，合也，从亼从曾。曾，益也。』辅师篕篮：『今余曾乃令。』『曾』义也显为增加。说文又云：『增，益也』，『譄，加也』。『增』『赠』『譄』等字盖都是由『曾』孳乳的，实就是同一个字，只是增加不同的偏旁而已。所以其义相同。

由上述情况看，在我国古代语言里，锡予、给予、赠送等最初盖都只是加益的意思，不是如后世只有上予下称锡赐，亲友相馈送称赠遗。『锡』义为增益，因此不论赏赐或受赐都可以称锡。

『锡贡』，我以为『锡』义即为益。『锡贡』意为增加贡物。禹贡各州的贡纳有贡有篚。这应是常贡。贡是当地的特产，篚是当地的丝麻纺织品。只有梁雍两州没有篚。这当是因为这两州丝麻纺织业不发达，没有可贡的纺织品。言『锡贡』者只有扬豫两州。扬豫两州的贡和篚前面已经说了，如『锡贡』仍是贡，则文意重复，便不可通。『锡贡』是加贡，则文意便很清楚。这是说扬州除常贡的金三品、瑶琨篠簜等物之外，又加贡橘柚。豫州除常贡漆枲絺纻等物之外，又加贡磬错。

禹贡：『九江纳锡大龟。』伪孔传也释为『赐命而纳之』。段玉裁说『纳锡』，史记夏本纪作『入赐』。古代假『锡』为『赐』。说文云：『赣，赐也』，『赐，予也』，『古者下之予上皆得云赐』[①]。杨筠如说：『锡犹贡也，献也。』[②]此处『锡』是下予上，有贡献之意，是正确的。不过段玉裁的证据还是不充分的，对『锡』字的字义还没有真正地了解。段氏的意思盖以为『赣』义为下奉上，『赣』训『赐』，『赐』义也当是下奉上。但『赣』字也有上予下之义。淮南子要略

①见古文尚书撰异。
②见尚书覈诂。

篇：『一朝用三千钟赣』，『赣』显是上予下。所以段氏的论证不完全正确。不过由此我们可以知道，我国古代不论下奉上或上予下都可以称赣。我们说『锡』义为益，古代凡予人以物都是加益之意，没有什么上予下和下奉上之分，所以下奉上也可以说锡。

『纳锡』，史记夏本纪作『入赐』。『赐』与『锡』是同一个字。『入』与『纳』也是一字之变。『入』与『内』古代是同一个字。例如师虎簋：『井白内右师虎即立中廷。』舀壶：『王各于成宫，井公内右留』，『内』都即是『入』。『内』就是『纳』字，如荀子大略篇：『倍畔之人，明君不内』，汉书南粤王佗传：『幸赐臣佗玺以为南粤王为外臣，时内职贡。』『纳』是由『内』孳乳的。『入赐』就是『纳赐』。『纳锡大龟』就是入贡大龟。

禹贡：『禹锡玄圭，告厥成功。』旧时说经者都解为尧锡禹玄圭，史记夏本纪更改为『帝锡禹玄圭』。近时学者或又训『锡』为献，说是禹献玄圭于尧[①]。按『禹锡玄圭』与⿰戈卩卣『⿰戈卩其易贝』语例一样，这当是说禹受赐玄龟。史记改禹贡之文，看来司马迁时，人们就已不知道『锡』字的这种用法了。

原载安徽师范大学图书馆建馆六十周年纪念文集（1928—1988），第40—46页

①见尚书覆诂。

曾国的来源

二十世纪六七十年代以来，在湖北京山、随县、枣阳及河南新野等地不断出土了大量古代曾国的文化遗物。尤其是1978年随县擂鼓墩曾侯乙墓的发掘，出土的器物数量之多，制作之精美，令人惊叹。这许多文物，对我国古代文化的研究是极珍贵的材料，有极大的价值，学者至为重视。

我国古代文献记载不见在现在湖北随县、枣阳一带有这样一个曾国，现在忽然出现了这样一个有高度文化的曾国，令人迷惑难解。这个国家究竟从何而来？对这个问题已有不少人作了探讨，对于这些问题已有了正确的认识，但有些问题也还没有解决。

这里有三个问题：1.曾究竟是姒姓还是姬姓？2.出土的曾国文物都是在古代随国的境内，随国境内何以发现曾国的文物？曾与随究竟是两个不同的国家，还即就是一国？3.曾是从何而来的？

古书记载，在春秋时有三个鄫（一作缯），一是禹后姒姓之鄫。左传僖公三十一年『杞鄫何事』，杜预云：『杞、鄫，夏后。』汉书地理志东海郡缯县自注云：『故国，禹后。』说文云：『鄫，姒姓国，在东海。』这个鄫是在山东峄县东。

二是郑地之鄫。春秋襄公元年：『仲孙蔑会齐崔杼、曹人、邾人、杞人于鄫。』杜预云：『鄫，郑地，在陈留襄邑县东南。』

三是与申及犬戎共攻周幽王的缯。这个缯旧时学者也以为是姒姓，禹后。国语晋语：『申人、缯人召西戎以伐周。』韦昭云：『缯，姒姓，禹后也。』有人以为与山东之鄫即是一国。史记周本纪：『申侯怒，与缯、西夷、犬戎攻幽王。』正义引括地志云：『缯县在沂州承县，古侯国。』

曾器自宋以来就陆续有所发现，旧时都把它当作姒姓之鄫，也即是山东之鄫。二十世纪三十年代，安徽寿县出土大批楚器。刘节作楚器图释，始谓曾是姬姓之国而非姒姓。他的证据有三点：一是徐锴说文系传云：『杜预曰「鄫，姬姓」，与说文同。』一是曾姬无恤壶，一是叔姬簋（一题曾侯簋）。徐锴谓说文之鄫为姬姓，自属错误，不足为据。然曾姬无恤壶和叔姬簋则是确凿可信的。曾姬无恤壶云：『圣趄之夫人曾姬无恤。』这说明曾是姬姓。叔姬簋云：『曾侯作叔姬邛嫞媵器。』这是曾侯之女或妹嫁于黄国，曾侯为她所作的媵器，曾侯之女或妹称叔姬，可见曾必定是姬姓。

曾与随是两个不同的国家还即是一个国家？我以为应该以一国为是。理由很简单，学者都已经说过。一、曾与随都是姬姓，这就有两国即是一国的可能。二、曾国的文物出土的地方都是正在古代随国的境内，尤其擂鼓墩曾侯乙墓在随县附近。今日之随县就是古代随都之所在。

曾国的国君何以葬在随国的都城附近呢？这些现象说明曾必就在随国的境内。在同一个区域内不可能同时有两个国家。所以曾必就是随，随必就是曾。三、左传桓公六年云：『汉东之国随为大。』随原当是一个比较大的国家，经济力量必不比附近的国家为弱。它到战国初还存在，历史也相当长久。附近小国如鄀、邓、江、黄的文物都早有出土，随国的文物何以不见发现呢？这在事实上难说得过去。这只有一个原因，曾即是随，曾的文物就是随的文物。

我以为曾就是申、吕共攻周幽王的缯。这三个国家原都在西方，申，因为犬戎所败，迁至南阳随、枣一带。旧以为这三国原就在南阳一带，是不正确的。

周幽王废太子宜臼立伯服，『太子出奔申』（国语晋语）。竹书纪年云：『平王奔西申』（左传昭公二十年正义引）。既云『西申』，可知必在西方而不在南阳。

史记周本纪：『（幽王）又废申后，去太子也，申侯怒，与缯、西夷、犬戎攻幽王。』国语郑语：『申、吕方强，其隩爱太子可知矣。』当时与申联合攻周幽王者有吕、缯、西戎、犬戎四国，西戎、犬戎都是在西方的国家，若申在南阳，与两国远隔，申何不与邻近之国家相联合，而远结西方之西戎和犬戎呢？这必是申在西方，与两国相近，故得相联合。国语晋语韦昭注云：『鄫及西戎素与申国婚姻同好。』若韦昭此说属实，则申与西戎一向通婚友好，这更是证明申必在与西戎、犬戎邻近或不远之地。

周幽王为犬戎所杀之后，史称：『诸侯乃即申，共立王太子宜臼，是为平王。』周平王是在申即位为王的。如申在南阳，则东方诸侯应前往中国表示拥戴。我们查史记，东方重要的国家除卫世家谓『犬戎杀幽王，武公将兵佐周平戎，甚有功』一句话以外，它如晋、鲁、陈、蔡、曹、燕等国世家，无一语道及救援幽王或拥立平王者。这样周室存亡攸关的大事，周之诸侯，尤其兄弟甥舅之国，何如此漠不关心呢？诸侯不救周幽王，也许如旧史所传『烽火戏诸侯』之故，平王即位于申，何以也无一至者呢？这在道理上是说不过去的。其所以如此，不是诸侯不拥立周平王，这实是因为申在西方。犬戎杀周幽王于戏，丰、镐之地为其所占，东方诸侯与申隔绝，无法前往。

由上述几点，可以肯定申必原在西方。

缯、吕是申之与国。国语晋语：『褒姒有宠，生伯服，于是乎与虢石甫比，逐太子宜臼，而立伯服。太子出奔申。申人、缯人召西戎以伐周，周于是乎亡。』国语郑语：『申、缯、西戎方强，王室方骚……王欲杀太子以成伯服，必求之申，申人弗畀，必伐之。若伐申，而缯与西戎会以伐周，周不守矣。缯与西戎方将德申，申、吕方强，其隩爱太子，必可知矣。』从这些话来看，这几个国家联合攻周幽王，申是为首的，申和缯两国是主要的，是以申、缯为主体而联合西戎和犬戎的。缯与申的关系如此密切，它决不可能是与申相去千里之外遥远的山东境内姒姓之缯，也不可能是在楚方城之外的缯关。它必在关中，与申密迩。申、吕、缯原都在关中，其地望何在，难以确指。后因为犬戎所败，遂东迁于南阳一带。

周平王东迁，旧史都称为犬戎所迫。按申侯联合缯、吕、西戎共攻周幽王，犬戎原为申之与国，共同拥护周平王者，何以又反攻周平王呢？这显然是犬戎背叛了周平王。左传昭公二十六年：『至于幽王，天不吊周，王昏不若，用愆厥位。携王奸命，诸侯替之，而建王嗣，用迁郏鄏。是则兄弟之能用力于王室也。』据此，周平王东迁，乃是由于『携王奸命』之故。正义引竹书纪年云：『平王奔西申，而立伯服以为太子，与幽王俱死于戏。先是，申侯、鲁侯及许文公立平王于申，以本太子，故称天王。幽王既死，而虢公翰又立王子余臣于携。周二王并立。二十一年，携王为晋文侯所杀，以本非适，故称携王。』

周幽王死后，虢公翰立王子余臣为王，周室分裂为二。周平王是由于和王子余臣争夺王位失败，被迫东迁的。这与犬戎迫周平王东迁二者显即是一事。王子余臣是由犬戎支持的。此事真相已不能知。从形势推测，这当是虢公翰勾结犬戎的。虢公翰不知是何人，周幽王时，虢石父为卿用事。褒姒之废太子宜臼，立伯服，他与其谋。犬戎攻杀幽王时，他是否被杀，虢公翰是否就是虢石父，今都已不得而知。但我们可以推想，虢公翰可能是虢石父的子或弟，至少也是同族。幽王死，太子宜臼为王，则虢氏有族灭之虞，这对他们是非常不利的。所以周幽王被杀之后，他就投降犬戎，与之勾结，立王子余臣为王以与平王相对抗。余臣当是周幽王的庶子。而犬戎也利用王子余臣为傀儡以扩张自己的势力。王子余臣既立，自然要进攻平王及申、吕、缯，三国为其所败，周平王及三国乃迁至东方。

诗崧高是咏申伯迁谢的。这篇诗旧都以为是周宣王时诗，申伯是宣王之舅。我们看，这乃是周平王时诗，申伯即王之舅申侯。他为犬戎所破，周平王重封他于谢。诗云：『我图尔居，莫如南土。』很明显，这是周平王为申谋划，选择封地，认为『南土』最好。诗又云：『王命召伯，彻申伯土田。王命傅御，迁其私人。』『申伯之功，召伯是营，有俶其城，寝庙既成。』这是周平王命召伯为申伯择定新邦，划定疆土，迁徙人民，营城立庙。崧高正义云：『此申伯旧国已绝，今改而大之。』是孔颖达也认为此诗是述申伯国家灭亡，重封新邦。诗王风扬之水是周平王时诗，是咏周人戍申、甫、许三国的。诗云：『扬之水，不流束薪；彼其之子，不与我戍申。』『扬之水，不流束楚；彼其之子，不与我戍甫。』『扬之水，不流束蒲；彼其之子，不与我戍许。』甫即是吕，申、吕为什么要周派兵戍守呢？这实是申、吕『旧国已绝』，迁至东方，民少力弱，所以周平王派兵戍守。

还有一事也得说一说，即秦襄公送周平王东迁。史记秦本纪：『（襄公）七年春，周幽王用褒姒，废太子，立褒姒子为适，数欺诸侯，诸侯叛之。西戎、犬戎与申侯伐周，杀幽王郦山下。而秦襄公将兵救周，战甚力，有功。周避犬戎难，东徙洛邑，襄公以兵送周平王。平王封襄公为诸侯，赐之岐以西之地，曰：「戎无道，侵夺我岐丰之地，秦能攻逐戎，即有其地。」与誓，封爵之。襄公于是始国。』这是史述秦襄公送周平王的情况。我们要问：此时周平王在什么地方？为什么要秦襄公以兵送他？泰襄公以兵送周平王，周平王亲自与秦襄公会见，封他为诸侯，并与之订立誓约，可以推见，此时周平王必在与秦相近之处。从史记所述的情况看，此时他必在岐周附近或以西之地。他何以来至此地呢？周平王是即位于申的，如申在南阳，他决不可能来至此处。这是因为申在西方，申为犬戎所败，他退到岐周以西之地。周平王说：『戎无道，侵夺我岐丰之地』，当时岐丰之地为犬戎所占，也即为王子余臣占有。周平王与东方完全隔离，东方诸侯无法救援，唯一可依赖者只有秦国，平王东迁，只有秦国能派兵护送。

当时通东方的道路已被切断，周平王东迁是由哪条路呢？诗崧高云：『申伯信迈，王饯于郿。申伯还南，谢于诚归。』正义云：『郿于汉属右扶风，在镐京之西。』朱熹云：『郿在今凤翔府郿县，在镐京之西，岐之东南。』（诗集传）郿就是现在陕西郿县。旧都以崧高是周宣王时诗，是咏周宣王封申伯于谢的。按申伯为宣王舅，地位甚高，又有大功，他受封就国，应是件大事，宣王为之饯行，何不在镐京，而要在郿呢？郑玄解释云：『时王盖省岐周，故于郿云。』孔颖达云：『申在镐京之东南，自镐适申，途不经郿，解其得饯郿之意。时宣王盖省视岐周，申伯从王至岐，故自岐遣之，故饯之于郿也。』这显然都是弥缝猜测之辞。徐中舒先生谓这是因为古代关中与江汉流域之交通是由褒斜道，申伯是经褒斜入汉中而至南阳宛县的（殷周之际史实之检讨，历史语言研究所集刊第七册第二本）。此说至确。但古代由关中通南阳者不止褒斜一道，镐京取道蓝田、商县、武关而至宛，更为径便，申伯何以不取此，而绕道褒斜呢？我们认为崧高是周平王时诗，所咏是周平王之舅申侯东迁于谢的事。此时通往的道路渐绝，申侯不得不由褒斜道入汉中而至宛。时周平王在岐周附近，故饯之于郿。当时，这条道路是往东方惟一可通的道路，周平王东迁，也必由此道。

缯与申、吕原都是在关中，周平王时为犬戎所败，迁至东方。申、吕是姜姓，有明确的记载，缯是什么姓，无可稽考。但可以肯定，它与山东禹后之鄫必无关系，它必非姒姓。韦昭谓缯『素与申为婚姻同好』。若如韦说，则缯亦非姜姓。缯既非姒姓，又非姜姓，则就有是姬姓的可能。缯与曾同姓，则就是一国。

申、吕、缯东迁，申迁于谢，是南阳宛县。汉书地理志南阳郡宛县自注云：『故申伯国。』吕迁于何处，不见明文。诗扬之水之甫就是吕，吕何在？说诗者谓不知。朱熹云：『甫即吕也……今未知其国之所在，计亦不远于申、许也。』后汉书郡国志汝南新蔡有大吕亭，刘昭注引地道记云：『故吕侯国。』水经汝水注：『汝水又东，与青陂合……陂东对大吕亭。春秋外传曰：成周时，南有荆蛮申吕，姜姓矣。』若如郦道元所说，这就是申、吕之吕，吕当是在新蔡。曾当就是迁于随。缯与申是同时迁来的，所以住地相近。

曾国又称随，这是因为其地原名随。曾迁来以后，它自己称它的国号曾，而他人仍以原来的地名称它为随。这种例子古代很多，如商迁都于殷，人们称它为殷；魏迁都于梁，人们称它为梁。这学者们已经说过了，不需再赘。

一九八四年七月三日于芜湖赭山

原载文物研究第3期，合肥：黄山书社，1988年，第53—56页

战国的年代问题

研究战国历史，年代问题的确是个最基本的问题。我们讲战国历史主要的是根据史记。史记述战国时代的历史，尤其六国的历史，年代事实有许多颠倒错乱。这乃因为秦始皇焚书，将六国的史记都毁掉了。司马迁只根据简略的秦记和一些零碎不全的材料来述六国史事，错乱自然难免。两千余年来，学者们讲战国历史也就这样以伪传伪，以错道错地讲着。因此，战国时代的历史面貌，有许多重要的政治活动，我们都模糊不清。

清代以来有不少的学者以竹书纪年订正史记，其中的问题虽没有完全解决，但这一途径却是正确的。战国时代有许多主要的事实是可以考见的。但不知怎的，学者对此总不注意。现在教科书的编者依然根据史记的记载编写教本，而我们历史教学工作者在讲授历史的时候，更有声有色地将这种错误的史实传授给青年，想来，真太不负责了。

最近历史教学登载了杨宽先生的历史教学中有关处理战国年代的问题一文，该文提出了战国的年代问题，这实是必要的。我们希望历史学者们注意这个问题，考清战国的年代，进而弄清战国的历史事实。

杨先生的论文关于魏文侯、武侯、惠王即位，以及惠王改元的年代是正确的，只是证据还稍嫌软弱了点。关于魏襄王即位、齐威王在位和马陵之战的年代皆有问题。关于这个问题，我们也有点考索，现在我们想也提出来与大家讨论，或许对战国年代问题的解决，有些帮助。

一　魏惠王元年当周烈王七年而非六年

史记六国年表魏惠王元年当周烈王六年。按水经注浊漳水引纪年云：『梁惠成王三十年，秦封卫鞅于邬，改名曰商。』又史记商君列传索隐亦云：『纪年云，秦封商鞅在魏惠王三十年。』是秦封商鞅必在魏惠王三十年。按史记秦本纪，秦封商鞅在秦孝公二十二年。则秦孝公二十二年应即魏惠王之三十年，史记六国年表谓三十一年应误。由秦孝公二十二年上溯三十年，乃周烈王七年而非六年。这也就是说，魏惠王的元年应较史记六国年表退后一年。

二　魏襄王元年当为周慎靓王四年而非三年

史记六国年表魏襄王元年当秦惠王四年，此乃因史记以魏惠王改元之年为襄王元年而误，是尽人皆知的。襄王元年应即六国表及魏世家哀王元年。然即据六国年表，以襄王元年当周慎靓王三年，亦误。据秦本纪，张仪死于秦武王二年。而纪年云：『哀王（即襄王）九年五月张仪卒。』（史记张仪列传索隐）是秦武王二年即魏襄王九年。六国年表以秦武王二年当魏襄王三十年实误。由秦武王二年上溯九年，则魏襄王元年，实当周慎靓王四年，秦惠王初更八年，即公元前三一七年。

三　魏襄王二十三年魏昭王已改称元年

我们说魏襄王元年，当周慎靓王四年而非三年。这样便发生了一个问题，即影响了后面昭王的年代。魏世家和六国年表都记襄王（史作哀王）在位二十三年。若襄王元年是周慎靓王四年，则下数二十三年当是秦昭王十二年，这样，魏昭王的元年就应当退后一年，当秦昭王十三年。如此则与史不合。我们觉得魏襄王的年代应当只有二十二年，不应有二十三年。也即是说，应当止于秦昭王的十一年。

按魏世家索隐云：『汲冢纪年终于哀王(即襄王)二十年。昭王三年表毕，始称元年也。』据此魏襄王二十年卒。昭王三年之表，当自襄王二十年起算。二年之表，为时二十五个月。自襄王二十年下至二十二年年终，昭王应已服阕。次年应为昭王元年了。又魏襄王二十年以后的史事，魏世家记载了两件事：『二十一年与齐、韩共败秦军函谷。』『二十三年秦复予我河外及封陵为和。哀王卒。』而秦本纪把这两件事都系在秦昭王十一年。可见得魏襄王时的事绩，实止于秦昭王十一年。这一年实是襄王二十二年而非二十三年。由此，也足证魏襄王应只有二十二年。太史公把秦予魏封陵及襄王之死系之于襄王二十三年，乃因为他不知襄王已于二十二年死去，同时他又只知秦予魏封陵是魏襄王最后一年的事的缘故。

四　魏惠王后元元年是他在位的第三十六年而不是三十七年

魏惠王时代的年代问题，还有一个问题，即魏惠王改元是在哪一年。这也是魏年代错误的关键所在。

魏惠王改元的年代，过去有两种说法：一为惠王之三十六年。一为惠王之三十七年。杜预左传后序引纪年云：『惠王三十六年改元，以一年始，至十六年，称惠王卒。』惠王在位五十二年，这是绝无问题的。其后元有十六年，则其后元元年，当为其在位之三十七年。但魏世家集解引纪年云：『惠成王三十六年改元称一年，改元后十七年卒。』索隐也说：『纪年说惠成王三十六年又称后元，一十七年卒。』又魏世家：『三十六年……惠王卒。』索隐云：『纪年云，惠成王三十六年改元称一年，未卒也。』这又明白地说，魏惠王后元元年是他在位的三十六年。改元后十七年方卒。雷学淇依集解索隐谓魏惠王改元在三十六年，左传后序十六年的『六』字系『七』字之误。(竹书纪年义证)而近人钱穆作先秦诸子系年又依从左传后序，谓魏惠王的后元元年实当在三十七年。这一年魏惠王齐威王会徐州相王改元。

魏惠王改元实是在他在位的三十六年，按魏惠王改元是由他和齐威王会徐州相王的缘故。魏惠王和齐威王会徐州相王以后，即改称元年。这一年实是秦惠王四年。秦本纪：『惠王君四年，齐魏为王。』明白地记载了此事。六国年表的魏表　齐表也把齐魏会徐州相王，系在秦惠王四年的下面。足见得这件事是秦惠王四年，是没有问题的。我们已经考得魏惠王的元年是相当于秦献公十六年。从秦献公十六年下至秦惠王四年，正是三十六年而不是三十七年。是齐魏会徐州相王，必是魏惠王三十六年的事。

史记六国年表和魏世家都把齐魏会徐州相王系在魏襄王元年。这里的襄王当然是错误，这即是惠王后元的开始。但在这里却暗示了一件事实，即在齐魏徐州相会的一年，魏惠王即改元为后元元年。齐魏会徐州相王既在魏惠王三十六年，则他后元元年当也即在这年。我们考订魏襄王元年是当秦惠王初更八年，较六国年表退后一年。现从秦惠王四年下数到初更七年恰是十七年，这不仅和集解索隐所引纪年谓魏惠王后元十七年相符合，而且与下面襄王即位的年代也相符合。而这样，魏自文侯以至襄王的全部年代也就正确无伪。

太史公作六国年表魏表和魏世家所以致误的缘故，我们想，盖因他以他获得的材料中，他知道几件事实，但又不能完全知道其中的真相。他就根据了这几件事实，加以排比推测作成六国年表的魏表，再根据魏表而写魏世家，他所知道的：一、魏惠王有三十六年。二、齐魏会徐州相王是当秦惠王四年，就在这一年，魏改元元年。但他不知道就是魏惠王。三、他知道在这改称元年以前的惠王在位的年代和改元以后的年代合起来是五十二年。但他不知道这乃是魏惠王一人在位的年代。因为他看到魏惠王有三十六年的记载，所以他即说魏惠王三十六年卒。魏惠王即已于三十六年死去，则下面所称的元年应当是另外一个王。惠王后面是襄王，因之，他推想这个元年应当是襄王的元年。这个元年是当秦惠王四年齐魏会徐州相王的一年，所以他就将魏襄王元年放在和秦惠王四年相当的这一年。新王即位，次年改元的，所以他又将魏惠王三十六年放在前一年，即秦惠王三年。又因为他看到改元前魏惠王在位的年代和改元后的年代合起来是五十二年，魏惠王在位即是三十六年，则所余只有十六年，所以他又把襄王排了十六年，襄王后面又加出一个哀王来。这样地便把这段年代全部算错乱了。因为他不知道魏惠王三十六年即改元为后元元年，而这一年相当秦惠王四年，所以他把魏惠王加上一个三十六年，这样便将秦惠王即位的年代向前推了一年。又因为他不知道魏惠王三十六年即是后元元年，改元后应有十七年才合于五十二年之数，而将改元后的年代减少了一年，而作十六年。这样他又将后面的年代拉前了一年。因此，前后全部的年代遂都错乱。

我们说六国年表和魏世家将魏惠王改元前的年代增出了一年，因此，也就将魏惠王即位的年代推前了一年。这也即是说，如果把六国年表和魏世家所记这段的年代减少一年，则和纪年便完全符合。现在我们且先举两件事来看。魏世家惠王『三年齐败我观』。而水经注河水引纪年云：『梁惠王二年，齐田寿率师伐我，围观，观降。』齐魏观之役原在魏惠王二年，而史记系在三年，很明显的，是史记将惠王即位的年代推前一年之故。又魏世家及六国年表魏惠王『十五年鲁卫宋郑君来朝。』索隐引纪年云：『鲁恭侯、宋桓侯、郑厘侯来朝，皆在十四年。』这里六国年表和魏世家与纪年又相差一年，这又极显然的可以看出，六国年表和魏世家是多出了一年。

五 魏文侯、武侯即位的年代

魏惠王的在位年代和即位年代既已确定了，则在他以前的武侯和文侯两代的年代也就可以根据纪年很容易地推出。

史记六国年表的魏表和魏世家谓魏武侯在位是十六年，其元年当周安王十六年，秦出子元年。魏文侯在位三十八年，其元年当周威烈王二年，秦灵公元年。这里的年代，不用说是完全错误的。魏世家索隐引纪年云：魏文侯『五十年卒』，魏武侯『二十六年卒』。我们已推定魏惠王元年是秦献公十六年。从此前一年即秦献公十五年，上推二十六年，则即得魏武侯即位的年代。这一年应为秦惠公五年，也即是周安王七年，公元前三九五年。（钱穆考订魏武侯元年是周安王六年。这是因为他仍以魏惠王元年是秦献公十五年的缘故。不过，我们这里说周安王七年，实也有问题的。因为周安王以后是烈王，烈王在位的年代，周本纪说是十年，而六国年表又说是七年。我们这里只是根据六国年表来说的。或者周本纪的『十』字是『七』字之误。）由这一年的前一年起再向前推数五十年，当即得魏文侯元年的年代。这一年应当是秦厉共公的三十二年，即周贞定王二十四年，公元前四四五年。

这里有一个问题须得提出，史记晋世家索隐引纪年云：『魏文侯初立，在敬侯十八年。』我们用其他竹书纪年的记载来推算，晋敬侯十八年决不相当于秦厉共公三十二年，或周贞定王二十四年。而且相差的很远。假如这句话是可依据的，则不仅魏文侯即位的年代发生问题，而且和纪年所说魏文侯五十年卒、魏武侯二十六年卒的记载也自相矛盾。所以过去的学者都认为这句话必定是错的。王国维和钱穆都以『十八』二字是『六』字之误。钱氏先秦诸子系年考证三七云：

『晋世家索隐引纪年：「出公二十二年赵韩魏共杀智伯，尽并其地。二十三年出公奔楚，乃立昭公之孙，是为敬公。魏文侯初立，在敬公十八年。」据索隐他处纪年推算，知文侯初立，去智伯见杀七年，是敬公之六年也。「六」字与「十八」字相似，又涉及正文「十八年幽公淫妇人」而误。索隐原本当六年，否则，不应自为乖错十二年之多。』

钱氏以『十八』二字系『六』字之误，是因为他认为魏文侯元年相当于晋敬公六年，也即是秦厉共公三十一年、周贞定王二十三年的缘故。现在，我们考订魏文侯元年实当晋敬公七年而不是六年，则他所谓『十八』二字与『六』形近致误之说，似乎便难成立。我们觉得，这依然可以成立的。不过，我们的解释和钱氏略有不同。要知道，这句话所说的是魏文侯『初立』的年代，而不是魏文侯『元年』。魏文侯初立实应在晋敬公六年。人君即位，逾年改元。魏文侯元年应当是次年，即晋敬公七年。与我们所推定的实完全符合，而不相抵牾。

总括起来，魏文侯、武侯、惠王、襄王的年代应是这样：一、魏文侯元年当周贞定王二十四年，公元前四四五年。二、魏武侯元年当周安王七年，公元前三九五年。三、魏惠王元年当周烈王七年，公元前三六九年。其初元凡三十五年。四、魏惠王改元在其三十六年，当周显王三十五年，公元前三三四年。其后元凡十七年。五、魏襄王元年当周慎靓王四年，公元前三一七年。

六 桂陵之战在魏惠王十七年，公元前三五三年

魏惠王的年代，据我们的考证，六国年表和魏世家皆属错误，它较纪年多出了一年。如把六国年表和魏世家惠王的年代减少一年，则它的年代和竹书纪年及秦本纪 六国年表的秦表完全符合。这一点，前面已经说过，现在我们再举一二重要的事实来加以考订，以例一般。

魏世家云：『惠王十七年，围赵邯郸，十八年拔邯郸，赵请救于齐，齐使田忌孙膑救赵，败魏桂陵。十九年，诸侯围我襄陵。二十年，归赵邯郸。』这是战国时代一次很重要和激烈的战争。只要看它历时四年之久，即可知道了。这次战争发生的年代，若依我们的考证，只要将魏世家所记的年数减去一年便行了。它应该是这样：『惠王十六年，围赵邯郸，十七年拔邯郸，赵请救于齐，齐救赵，败魏桂陵。十八年，诸侯围魏襄陵。十九年，归赵邯郸。』这样改正以后，即可完全与纪年和秦本纪相合。

现在，我们且将桂陵之战来考察一下。水经注 济水引纪年云：『梁惠成王十七年，齐田忌伐我东鄙，战于桂阳，我师败逋。』史记 孙膑列传 索隐云：『王劭按纪年梁惠王十七年齐田忌

败梁桂陵。』这两条，所述应即一事。水经注乃引纪年之文，而王劭则用纪年之意，因之文学上略有不同。据此，桂阳之战实在魏惠王十七年。水经注桂阳之『阳』，乃『陵』字之误。

过去的学者，有不像我们这样解释的。他们都认为桂陵之战是在魏惠王十八年。如陈逢衡竹书纪年集证、雷学琪竹书纪年义证，乃至钱穆的先秦诸子系年，都这样主张，虽然他们的见解也有些小地方不同。他们的根据不外两点：一、水经注济水所引纪年，魏齐战于桂阳。而王劭所引纪年，则齐败魏于桂陵。桂阳、桂陵是两个不同的地方。二、魏世家索隐引纪年有『十八年赵又败魏桂陵』的记载。竹书纪年既然说桂陵之战在惠王十八年，则与桂阳之战必非一役，而王劭引纪年谓惠王十七年齐梁战桂陵，十七必十八之误。

我们觉得这种论证，实完全错误。他们错误的根源，是在他们以为纪年有魏惠王十八年赵败魏于桂陵的记载。因为他们以魏惠王十八年赵败魏于桂陵，于是便推衍十七年的桂阳之役是另外一次战争。因而就发生第一点的错误。我们认为竹书纪年根本就没有魏惠王十八年赵败魏于桂陵的话。按魏世家马陵之战的下面，索隐是这样说的：

『按纪年，二十八年与田盼战于马陵。又上二年，魏败韩马陵，十八年，赵又败魏桂陵。』

错误即在这里发生的。过去辑纪年者大多以为此处『十八年赵败魏于桂陵』是纪年之文。实则索隐这段话里，自『又上二年』以下皆是索隐之语，而非纪年之文，因为魏世家上文有『二年魏败韩于马陵』『（十八年孙膑救赵）败魏桂陵』的记载。索隐于此回溯一下而已。竹书纪年既根本没有魏惠王十八年赵败魏于桂陵的记事，则我们既不能根据这句话，说王劭所引纪年的年代错误，更不能由此断定桂陵之战是在魏惠王十八年。桂陵之战既不在魏惠王十八年，则以桂阳、桂陵为两次不同战役之推断，自然亦属谬误。

关于这次战争经过的情形，因为各人对于桂陵之战的年代的推断不同，看法也即不一致。陈逢衡竹书纪年集证云：

『齐田忌救赵，战于桂阳，虽胜魏而魏围邯郸如故。故齐又合宋卫二国之师以围襄陵。既而惠王又以韩师败诸侯之师，逐破邯郸。齐又击破魏军于桂陵。田完世家所谓威王使田忌南攻襄陵。又云：十月邯郸拔，齐起兵击魏，大败之桂陵是也。盖桂阳之役在邯郸被围之时，而桂陵之战在邯郸已破之日，年表于魏惠王十八年邯郸降，齐败我桂陵于围襄陵前一年，误矣。』

依陈氏此说，则战事的发展是如此：一、魏围邯郸。二、齐败魏于桂阳。三、齐宋卫围魏襄阳，魏以韩师败齐。四、魏拔邯郸。五、桂陵之战。钱穆先秦诸子系年考证七八根据赵魏田齐等世家及孙膑列传，云：

『据此诸说，则魏之围邯郸，断在惠王之十七年，齐兴师救赵时，邯郸犹未拔。逮齐围襄陵不利，（水经注引纪年『魏以韩师败诸侯师于襄陵』是也）而魏亦拔邯郸，则在十八年。魏遂分兵反斗，齐亦济师迎击，为桂陵之役。梁军虽破，邯郸犹在其手。赵魏仍相持于邯郸之下，兵连祸结。诸侯救赵不力，坐自渔利。（秦降安邑，楚取睢涉之间，皆其时事）直至惠王二十年，魏既力竭，乃归邯郸，与赵和也。此事记述昭昭，绝不容疑。』

钱氏所述战争的发展与陈逢衡实略相同，只是没有桂阳之战而已。

钱穆说他所考证的，是『记述昭昭，绝不容疑』。但在我们看来，他所述的战争经过的情形，正大有问题。这里的问题有四个：一是年代问题。二是桂阳之战问题。三是襄陵之战的年代问题。四是魏归邯郸的真相问题。关于一二两个问题，我们前面已经解答了。即魏围邯郸应在惠王十六年。桂陵之战在十七年。归赵邯郸在十九年。桂阳之战实即桂陵之战。这里所要推究的是襄陵之战和归赵邯郸两个问题。

陈钱二氏考订，襄陵之战是在惠王十八年邯郸未拔之前。我们认为这是错误的。关于襄陵之战有两种不同的记载。一说在魏惠王十七年，邯郸未拔之前，也即桂陵之战以前，一说在魏惠王十八年，桂陵之战以后。两种记载都有纪年为佐证。

一、史记田敬仲世家云：『（威王）二十六年。魏惠王围邯郸，赵求救于齐。……使田忌南攻襄陵。十月拔邯郸，齐因赵兵击魏，大败之桂陵。』

国策齐策云：『邯郸之难，赵求救于齐。田侯召大臣而谋之。……段于纶曰：「臣之求利，且不利者，非此也。夫救邯郸，军于其郊，是赵不拔而魏全也。故不如南攻襄陵而弊魏。邯郸拔而承魏之弊，是赵破而魏弱也。」田侯曰：「善。」乃起兵南攻襄陵。七月邯郸拔。齐承魏之弊，大破之桂陵。』

纪年云：『梁惠成王十七年，宋景敾，卫公孙仓，会齐师围我襄陵。』（水经注 淮水）

这都是说襄陵之战是在邯郸未拔之前的。且在魏惠王十七年。

二、史记 魏世家云：『惠王十七年，围赵邯郸，十八年拔邯郸，赵请救于齐，齐使田忌、孙膑救赵，败魏桂陵。十九年，诸侯围我襄陵。』

史记 六国年表云：『惠王十九年，诸侯围我襄陵。』

纪年云：『梁惠成王十八年，王以韩师败诸侯之师于襄陵，齐使楚景舍来求成。』（水经注 淮水）

这是说，襄陵之战在桂陵之战的第二年，即惠王十八年。陈逢衡、钱穆等都以为襄陵之战只有一次，又因为他们以为桂陵之战在惠王十八年，故而他们就将纪年惠王十八年魏败诸侯之师于襄陵和惠王十七年宋卫会齐围襄陵，以及田敬仲世家 战国策的记载合为一事。而以魏世家及六国年表所述桂陵之战以后又有襄陵之战为误。他们这种说法，我们实不能苟同。我们觉得魏世家和六国年表襄陵之战的记载，不可轻易地便说它是错的。同时纪年关于襄陵之战的记载有惠王十七年和十八年的不同。这种差异也不可随便地抹杀，而即说它是一件事。

我们认为襄陵之战实有两次。一在惠王十七年桂陵之战之前，一在惠王十八年桂陵之战之后。不过，惠王十七年齐宋卫之围襄陵，只是桂陵之战的前奏，而不是决定胜负的大战。决定胜负的，乃是稍后的桂陵之战，这两个战役，可以说，实只是一个战役。因为十七年的襄陵之战只是桂陵之战的一部分战事，所以有许多记载如史记之赵世家　魏世家　孙膑列传述这次战争全部经过时，都未提及。我们从齐策的叙述来看，也可以看出十七年的襄陵之战不是大战，而只是桂陵之战的前锋接触。齐攻襄陵，其最初的计划是妄乘魏之弊，一举而弱赵魏两国。他是要等魏拔邯郸之后，再大举击魏。当邯郸未拔之前，赵未破，魏未弱，齐必不大举击魏。齐攻襄陵既只是一个等待机会的策略，则必非大战。齐策云：『乃起兵南攻襄陵，七月，邯郸拔，齐因承魏之弊，大破之桂陵。』齐策这几句简短的叙事，实已很明白道出襄陵之战的策略意味，并不是大战而只是桂陵之战的前锋接触。

至于魏惠王十八年的襄陵之战，不仅这次战争是有的，而且是一次重要的战事，魏世家　六国年表和纪年都有这次战争的记载，年代又完全符合，这次战争的存在，是无可怀疑的。至于它的重要，则是它挽回了魏桂陵大败的颓局。我们试以情势推测，魏惠王十七年齐宋卫既大败魏于桂陵，其势应可以长驱直入。魏何以还能支撑，直至两年之后，始完全失败，而退出邯郸？这中间一定有个原因吧！这个原因就是魏惠王十八年的襄陵之战，魏胜利了。纪年云：『王以韩师败诸侯之师于襄陵。齐侯使楚景舍来求成。』是此次战争，魏获胜，齐且向魏求和。

魏世家　六国年表皆谓惠王二十年（实十九年）归赵邯郸。但都未言归赵邯郸之故。桂陵之战魏虽败于齐，但十八年襄陵之战魏又获胜，何以次年魏又忽从邯郸撤退？钱穆说：『赵魏相持于邯郸之下，兵连祸结，诸侯救赵不利，坐自渔利。直至惠王二十年，魏既力竭，乃归邯郸与赵和也。』钱氏对于魏归赵邯郸的原因，似乎作了一个答复。但我们稍仔细点推敲一下，便可知他的话，实与事实不合，只是自相矛盾的浮词。照他的话讲，魏是因兵连祸结，力竭之后，自动与赵言和的，但他又说『诸侯救赵不力，坐收渔利』，既诸侯救赵不力，则魏仅敌一赵，魏原较赵为强，又何致力竭？我们以为这中间的真相，不是如此。魏归赵邯郸，实因齐赵而外，秦楚皆参加战事，魏四面受敌，乃致力屈而言和。按秦本纪云：『孝公十年，卫鞅为大良造，将兵围安邑，降之。』秦孝公十年，即当魏惠王十八年，也就是魏败齐于襄陵之年。是这一年秦也参加了战争。楚策云：

『邯郸之难，昭奚恤谓楚王曰，王不如无救赵而以强魏。魏强其割赵必深矣。赵不能听，则必坚守，是两弊也。景舍曰：「不然，昭奚恤不知也。夫魏之攻赵也，恐楚之攻其后。今不救赵，赵有亡形，而魏无楚忧，是楚魏共赵也，害必深矣，何以两弊也。且魏令兵以深割赵，赵有亡形而有楚之不救已也，必与魏合而谋楚。故王不如少出兵以为赵援。赵恃楚劲，必与魏战。魏怒于赵之劲而见楚救之不足畏也，必不释赵。赵魏相弊，而齐秦应楚，则魏可破也。」楚国使景舍起兵救赵，邯郸拔，楚取睢涉之间。』

据此，楚也参加了战争。楚究于何时取睢涉之间，不能确知，要在邯郸既拔之后。照楚策的这段话看起来，楚出兵救赵，时间很早。但他的态度是观望的，想收渔人之利的。最初所出的兵，为数也很少。他取睢涉之间，为时也必不早。惠王十七年桂陵之战，史不言有楚。十八年的襄陵之战，齐使景舍求和，似楚已参加齐国的一面。不过，景舍犹斡旋于齐魏之间，楚国的态度，似乎仍未积极。我们疑楚国积极参加战争，而夺取魏睢涉之间地，还在十八年襄陵之战以后。由上面的考察，我们觉得这中间的情形是如此，即当桂陵之战以后，齐宋卫楚虽进围襄陵，但这时攻魏的主力只是齐卫宋，所以魏与韩合，力犹能敌。而襄陵之战以后，楚积极参加战争，夺取魏睢涉之间，秦也起兵，深入魏境而降安邑。大国也参加攻魏，魏于是力屈而归赵邯郸。钱穆谓秦楚参加战争，只是『坐收渔利』，论断之轻重，恐怕有点错误。

七　逢泽之会、马陵之战，皆在魏惠惠王二十八年，公元前三四二年

魏惠王曾为逢泽之会，钱穆在他的先秦诸子系年里，作了个很详细的考证。钱氏认为此事是在魏惠王二十七年。他说：『齐伐魏在二十七年之十二月，魏败在二十八年，故知逢泽之遇，实为梁惠王二十七年也。』

他这一推定，是根据马陵之战，始于魏惠王二十八年。马陵之战，是由逢泽之会而起，所以逢泽之会必在马陵之战之前，也就必在魏惠王二十七年。

钱氏这种推断，实是错误的。因为他关于马陵之战年代的推定是错的。这一点，我们下面再说。我们以为逢泽之会实在魏惠王二十八年。

逢泽之会不见于魏世家，而只见于秦本纪　六国年表秦表及竹书纪年。秦本纪云：『孝公

二十年，诸侯毕贺。秦使公子少官率师会诸侯逢泽，朝天子。』六国年表秦孝公二十年云：『诸侯毕贺，会诸侯于泽。』水经注 渠水引纪年云：『秦孝公会诸侯于逢泽。』这里秦本纪谓逢泽之会在秦孝公二十年。六国年表系根据本纪而来。纪年未说明年代。六国年表集解：『徐广曰：「纪年作逢泽。」』徐广引纪年而不说秦表的年代有误，也正意味着逢泽之会在秦孝公二十年是没有错误。据六国年表，秦孝公二十年系魏惠王二十九年。但由于我们考定魏惠王的年数实多出一年，其二十九年，实即二十八年。

现在，我们再略论马陵之战的年代。马陵之战的年代有几种不同的记载。

一、魏惠王二十七年。史记 孙膑列传 索隐：『王劭按纪年，梁惠王十七年，齐田忌败梁桂陵。至二十七年十二月，齐田盼败梁马陵。』

二、魏惠王二十八年。魏世家 索隐：『按纪年云，二十八年与齐田盼战于马陵。』

史记 孟尝君列传云：『宣王二年，田忌与孙膑、田婴俱伐魏，败之马陵，虏魏太子申，而杀魏将庞涓。』索隐云：『按纪年，当梁惠王二十八年。』

三、魏惠王三十年。魏世家及六国年表 魏表皆将马陵之战系于三十年。秦本纪谓孝公二十一年齐败魏马陵。合之年表，亦当魏惠王三十年。此处，魏世家及六国年表绝对错误，是毋庸置疑的。其最为学者所聚讼不能决者，为二十七年和二十八年两说，因为两者皆以纪年为根据。

过去的学者，关于这一点有两种说法。一种以为王劭所引纪年有误。一种则调和二者，谓马陵之战始于魏惠王二十七年而终于二十八年。如钱穆的先秦诸子系年便如此主张。

这种以马陵之战始于魏惠王二十七年而终于二十八年的说法，我们觉得是与事实不合的。

如果说，马陵之战是始于魏惠王二十七年而终于二十八年，则战争必历相当长久的时日，但由史记孙膑列传所述战争的情形看，则战争的时间实不长久。孙膑列传云：

『（膑）使齐军入魏地为十万灶，明日为五万灶，又明日为三万灶。庞涓行三日，大喜曰：「我固知齐军怯，入吾地三日，士卒亡者过半矣。」乃弃其步军，与其轻锐倍日并行逐之。孙子度其行暮当至马陵……』

照这样情形看，战争为时不过五七日，最多亦不超过一旬。所以说，马陵之战是自魏惠王二十七年开始到二十八年才结束，无论如何是说不通的。

马陵之战之发生，乃由于魏攻韩，韩求救于齐。战国策齐策云：『南梁之难，韩氏请救于齐。……齐因起兵击魏，大破之马陵。』又史记孙膑列传云：『魏赵攻韩，韩告急于齐。……』都是说马陵之战是由魏攻韩而起。史记魏世家谓由于魏攻赵，实系错误。魏为什么攻韩呢？我们疑心即因逢泽之会，韩反对魏惠王尊天子。战国策韩策云：

『魏王为九里之盟，且复天子。房喜谓韩王曰：勿听之也。大国患有天子，而小国利之。与大国弗听，魏安能与小国立之。』

韩非子说林云：

『魏惠王为白里之盟，将复立于天子。彭喜谓郑君曰：君勿听。「大国恶有天子，小国利之。若君与大不听，魏焉能与小立之。」』

齐策云：

『魏王从十二诸侯朝天子，以西谋秦，卫鞅劝以先行王服，而齐人伐魏，败于马陵。』

合这三条记载看起来，魏惠王时代的九里之盟即是逢泽之会。这次盟会，参加的国家，齐策说有十二国，但哪些国家参加，今不能知。宋卫小国，想必参加。齐楚势强，而又与魏为敌国，似未与会。赵与会，且态度与魏一致。秦亦与会，但秦之参加似乎为一种外交策略。一方面，可以免除魏以诸侯攻秦的借口；另一方面，可以与魏争声誉地位。（观上引齐策所言，魏惠王实欲以诸侯攻秦。而秦卫鞅劝孝公先以王服，一方面是表示赞成复尊天子，使魏无攻秦之口实；另一方面亦示好于天子，要誉于天下。此时秦魏似已争伯，详当续考。）此时，公开反对魏惠王尊天子者只有韩，所以魏惠王攻韩。

魏伐韩是在哪一年？按纪年云：『梁惠成王二十八年，穰疪率师及郑孔夜战于梁赫，郑师败逋。』（水经注梁水）这明白地说，魏伐韩是在魏惠王二十八年。韩策说魏攻韩，是战于南梁，而纪年云战于梁赫。南梁、梁赫又显然可知是一个地方。韩策所述与纪年所述必同属一役。魏之伐韩既在魏惠王二十八年，则由此而引起马陵之战何能仅在二十七年？

由我们这种考察，马陵之战决不在魏惠王二十七年。史记孙膑列传索隐所引王劭按纪年之文必定有误，即二十七年系二十八年之误。而马陵之战的年代应如史记魏世家及孟尝君列传索隐引纪年所云是在魏惠王二十八年。马陵之战，魏之伐韩，既皆在二十八年，且在年尾，则引起战争的逢泽之会，也必在这一年。

魏惠王二十八年，据我们的考证，即秦孝公二十年。但马陵之战是在十二月，秦以十月为岁首，所以秦本纪系于孝公二十一年。魏世家和六国年表系于魏惠王三十年，则又太史公因秦纪而致误。

马陵之战之明年，又有齐赵秦伐魏之事。魏世家云：『惠王三十一年，秦赵齐共伐我。秦将商君诈我公子卬而袭取其军，破之。』秦本纪云：『孝公二十二年卫鞅击魏，虏魏公子卬。』此皆系齐秦赵伐魏在马陵之战的第二年。按纪年云：『梁惠王二十九年五月，齐田盼伐我东鄙。九月，秦卫鞅伐我西鄙。十月，邯郸伐我北鄙。王攻卫鞅，残师败绩。』（魏世家索隐）又：『梁惠王二十九年，秦卫鞅伐梁西鄙。』（商君列传索隐）又：『梁惠王二十九年，齐田盼及宋人伐我东鄙，围平阳。』（水经注泗水）这乃纪年一条之分引。是魏惠王二十九年，齐秦赵实伐魏。由纪年言，也适在马陵之战的第二年，这与秦本纪魏世家所记必属一事。不过，这里有一点似需要解释。即如系一事，且在魏惠王二十九年，则依我们推算，应当是在秦孝公二十一年。今秦本纪系于孝公二十二年，则当魏惠王三十年，与纪年所记的年代，似又不合。这个问题，我们觉得是如此。按纪年谓卫鞅击魏是在惠王二十九年九月。史记商君列传云：『使卫鞅而伐魏。魏使公子卬将而击之。军既相距，卫鞅遗魏将公子卬书曰……』云云。观此，秦魏两国，恐相持相当时日。卫鞅败魏，当在九月之后。秦以十月为岁首，卫鞅败魏时，在秦历已是第二年了，所以秦本纪系之于明年。至于六国年表和魏世家，则太史公又因秦纪而致误。

八　齐威王在位三十六年，其元年为魏惠王十五年，公元前三五五年

田齐的年代关键在威王。威王的年代确定以后，则其前后的年代便可以推算。

史记六国年表齐威王在位三十六年，其元年为周安王二十四年，公元前三七八年，卒年为周显王二十六年，公元前三四三年。这当然是大错特错的。

钱穆先秦诸子系年考证齐威王在位二十八年，其元年为周显王十二年，魏惠王十四年（公元前三五七年），其卒年为周慎靓王元年，魏惠王后元十五年（公元前三二〇年），我们觉得这也是错误的。

钱氏主要的根据有两点：一、史记孟尝君列传索隐引纪年：『梁惠王后元十五年，齐威王薨。』二、齐威王元年，相当于魏惠王十四年。此外他还依据六国年表以魏惠王初元是三十六年。这样，他由魏惠王后元十五年上推至初元十四年适得三十八年，我们说魏惠王初元实为三十五年而不是三十六年。这样就是齐威王元年当魏惠王十四年，为时也只有三十七年而没有三

十八年。次之，齐威王元年是否就当魏惠王十四年也有问题。以齐威王元年当魏惠王十四年系根据下列两条证据：

一、史记田敬仲世家索隐：『梁惠王十三年当齐桓公十八年，后威王始见，则桓公十九年而卒。』

二、史记魏世家索隐：『纪年：齐幽公之十八年而威王立。』（幽公即桓公）

钱穆据此便谓齐桓公十八年卒，威王立。次年改元，故威王改元当魏惠王十四年。按田敬仲世家索隐是要解释史记桓公卒的。若纪年果谓桓公十八年卒，则索隐即可径说桓公十八年卒，当魏惠王十三年。今索隐不言其于是年卒，足证纪年原无桓公十八年卒之文。所以下面他推测：『桓公十九年而卒。』魏世家索隐谓：『纪年：「齐幽公之十八年而威王立。」』由此可知也是推测之词，非有明文记载。我们细查索隐的文意，情形应该是这样：据纪年，齐桓公十八年当魏惠王十三年，这一年齐桓公未死，但以后就不见桓公而见威王事。据此，齐桓公至早当死于次年。索隐推『桓公十九年而卒』，实是正确的。齐桓公十九年卒，当魏惠王十四年，其年齐威王立，人君即位翌年改元，齐威王元年实当为魏惠王十五年，即公元前三五五年。由我们推算，由魏惠王后元十五年（公元前三二〇年）上溯至魏惠王初元十五年，为时实为三十六年。钱穆谓为三十八年系以魏惠王初元为三十六年，因而将魏惠王初元的起年推前了一年；他又以齐威王元年当魏惠王十四年，又将齐威王的年代增加了一年，因此便增出两年。

推考齐威王的年代还有一条证据。此即马陵之战的年代，田敬仲世家索隐云：『纪年：威王十四年，田盼伐梁，战马陵。」』钱穆解释这条记载，谓齐威王十四年当魏惠王二十七年。他以马陵之战起于魏惠王二十七年而终于二十八年。这是指马陵之战开始之年而言的。但我们前面已经说过，马陵之战实在魏惠王二十八年，不可能起于二十七年延长至二十八年。是齐威王十四年应当魏惠王二十八年，而不是二十七年。由魏惠王二十八年上推十四年，齐威王元年实当魏惠王之十五年。

总之，我们以为齐威王在位的年代是三十六年，其元年是魏惠王十五年，公元前三五五年，其卒年是魏惠王后元十五年，公元前三二〇年。齐威王的年代既定，则前面的桓公，后面的宣王的年代便也可推定。

四川青川秦墓为田律木牍考释

——并略论我国古代田亩制度

1979年，在四川青川县郝家坪秦墓中出土一秦为田律木牍。文云：

二年十一月己酉朔朔日，王命丞相戊（茂）、内史匽□□更修为田律：田广一步，袤八则为畛，亩二畛，一百（陌）道。百亩为顷，一千（阡）道，道广三步。封高四尺，大称其高。捋（埒）高尺，下厚二尺。秋八月，修封捋（埒），正疆畔，及癹千（阡）百（陌）之大草。九月，大除道及阪险。十月，为桥，修波（陂）堤，利津梁，鲜草离。非除道之时，而有陷败不可行，相为之□□。

这确实是一有价值的发现。它记述了战国时秦国田亩制度的具体情况，不仅使我们对秦国的土地制度有了明确的了解，对研究我国古代的土地制度也有很大的帮助。

牍文已有好几位学者作过考释，大部分都已可以了解。但有的地方也还没有能解释通畅，意见也没有一致。这里我略说一点自己的想法。

『二年』，学者谓是秦武王二年，丞相戊即甘茂，这是正确的。史记秦本纪：『武王二年，初置丞相，樗里子、甘茂为左右丞相。』史记甘茂列传：『蜀侯煇，相壮反，秦使甘茂定蜀，还而以甘茂为左丞相。』此律当就是在甘茂定蜀还秦以后制定的。秦在定蜀后，很快就制定了这一法律，疑即因蜀新定，要把秦的田制推行到蜀去的缘故，换句话说，这一为田律乃是要把秦的田制推行到蜀去而制定的。

『更修为田律』，李学勤同志谓『为田律』是律名，『为田』意思是制作田，甚是。我以为『为田』实就是史记秦本纪『为田开阡陌』，史记商君列传『为田开阡陌封疆』之『为田』。『为田』是说造一种新的田，也即建立新的田亩制度。为田律即是对建立新田亩形制的法律规定。这种为田律秦在此以前已经有过，所以这里说『更修』。

『田广一步，袤八则为畛，亩二畛，一百（陌）道。』这句话很难解释。一说这是秦自商鞅变法后，改井田制的一亩百步为二百四十步，每亩宽八步，在八步的两端各起一条畛，这两条畛是平行的。因为是二百四十步为一亩，田宽八步，则一亩长度应为三十步。但并不是每块田都长三十步，也许不足三十步，这样的田，仍然要筑畛，即是一块田，仅是广一步，只要是袤八步，也要筑畛。所以律文说『田广一步，袤八则为畛』①。

一谓『畛』是指一亩田两端的小道，所以说『亩二畛』。『田广一步，袤八则为畛』，是说畛宽一步，长八步。『陌道』是一亩田旁边的道路，也就是亩与亩之间的道路，与畛垂直相交，使亩成为一块长方形的田。畛的长度就是亩的宽度，陌道的长度就是亩的长度。既然规定畛的长度是八步，亩的宽度就是八步。当时以二百四十步为亩，亩的宽度为八步，亩的长度该是三十

①于豪亮：释青川秦墓木牍，文物1982年第2期。

步，陌道的长度也是三十步①。

一说畛是起分界作用的小道，但也有其特殊的意义。这句话是包括畸零的农田而言。『耕田只要宽一步，长八步的面积，也就是亩的三十分之一，就应修造名为畛的小道，作为与其他耕田区分的地界。』『亩二畛，一陌道』，畛是亩与亩之间的田埂，作为小道通向亩端的陌道②。

这些解释显然难令人相信，例如谓亩宽八步，长八步。律文明谓亩广一步，怎么是亩广八步呢？这显是曲解。又如说『田广一步，袤八则为畛』，是在亩八步，即亩的三十分之一的地方作一名畛的小道。『亩二畛』是亩间的小道。这显是割裂原句，曲解畛是两种不同的小道。又如说畛和陌是亩与亩之间的道路。按秦亩广一步，长二百四十步，是一窄狭的长条，相当于现在的一垄。在这样窄狭的长条两边都筑起一道埂（陌或畛），那在百亩的土地上就有一百零一道埂，有此必要吗？这对耕作，恐不仅无益，反而有害。若如上面所说在三十分之一亩的地方还要作一道小道，那一亩地就要分成三十块宽一步，长八步的小长方块，这样小的田怎么能耕种呢？这种解释显然不合事实，不合事理。

这句话关键在『则』和『畛』两个字。学者都以『则』为虚字，是个连接词，『畛』义为小道。这样，就说不通了。

---

①杨宽：释青川秦牍的田亩制度，文物1982年第7期。
②李学勤：青川郝家坪木牍研究，文物1982年第10期。

于琨奇君（于君是安徽师范大学先秦史方向硕士研究生）来我处。他说这句话『袤八则』应连读。『袤八则为畛』，是在长八则处作一畛。『亩二畛』是说在一亩上作两道畛。畛是横的道路，亩二畛是把一亩分成三段。一亩二百四十步，分成三段，每段八十步。『八则』为八十步，则一『则』为十步。这个想法很有意思。从文句上讲，这样句读较合乎文法，解释也较通畅些。但苦『则』仍不好解释。『则』在这里是个量词，是长度的名称，即十步为一『则』，这在训诂上没有根据。同时释『畛』为小道，仍不正确。古文字研究第七辑载孙常叙同志则，法度量则，则誓三事试解，谓『则』义为计量器的标准器。其说甚是。秦始皇二十六年秦权铭云：『乃诏丞相状、绾，法度量则，不壹歉疑者，皆明壹之。』『则』义非为度量的标准不可。『则』为度量的标准器，则这句话便可以解释。但有一点，『则』究竟多长，是否为十步，仍无确证。不过，无论如何，这样讲总较接近于律文的文义。

『畛』释为田间小道，决不可通。考银雀山汉墓竹简孙子兵法佚篇吴问云：

范、中行是（氏）制田，以八十步为婉（畹），以百六十步为畛，而伍税之。韩、巍（魏）制田，以百步为婉（畹），以二百步为畛，而伍税之。……赵是（氏）制田，以百廿步为婉（畹），以二百卌步为畛，公亡税焉。

此处『畛』显不是小道或界，而就是垄亩。牍文『畛』也必是指垄亩。『田广一步，袤八则为畛』，是说田宽一步，长八则为一畛。『亩二畛』是说一亩田分为二畛。范氏、中行氏以八十步为畹，百六十步为畛；韩、魏以百步为畹，二百步为畛；赵氏以百二十步为畹，二百四十步为畛，都是一畛二畹，这正与一亩二畛一样。与赵制更是完全相同。商鞅变法，制定新的田制，盖是仿照赵氏的。

『百亩为顷，一阡道，道广三步。封高四尺，大称其高。埒高尺，下厚二尺。』『封』，周礼地官大司徒叙官封人郑玄注云：『聚土曰封，谓壝埒及小封疆也。』周礼大司徒云：『制其畿疆而沟封之』，郑玄注云：『封，起土界也。』史记商君列传正义云：『封，聚土也，疆界也，谓界上封记也。』睡虎地秦墓竹简田律答问云：『盗徙封，可（何）如为封？封即千佰顷半（畔）封也。』封是在阡陌上所作的田界的标志。『封高四尺，大称其高』，是个四尺见方的土堆。这犹如后世田上的界碑。

『秋八月，修封埒，正疆畔，及癹阡陌之大草。』这是说八月份须要修理田上的封埒，将田上的疆界修好。说文云：『癹，以足蹋夷草，从草从殳。』春秋传曰：癹夷蕴崇之。』『癹』今左传作『芟』。『芟』盖是『癹』字之变。说文云：『芟，刈草也。』『癹阡陌之大草』是说刈除阡陌上的草。国语周语：『火朝觌矣，道茀不可行。』韦昭云：『觌，见也。草秽塞路为茀。朝见，谓夏正十月，晨见于辰也。』古代在十月以前，都是要将道路上的草刈除。说文云：『茀，道多草不可行。』道路上草多，妨碍行走，除去道路上的草，可以使交通便利。

『九月，大除道及阪险。十月，为桥，修波（陂）堤，利津梁。』『除』，治也。『大除道』是说大修理道路。说文云：『阪，坡者曰阪。』又云：『险，阻难也。』『阪险』是道路有山坡和险阻的地方。『波』读为『陂』。古用『波』为『陂』。汉书景十三王传：『后游雷波』，师古云：『波读为陂。』『陂』义为障，诗陈风泽陂：『彼泽之陂，有蒲与荷。』传云：『陂，泽障也。』国语周语：『泽不陂』，韦昭云：『陂，障也。』这是说九月份要大修理道路和山坡险阻的地方，十月份要作桥，修理堤防，要津梁便利。国语周语：『故先王之教曰：「雨毕而除道，水涸而成梁」……故夏令曰：「九月除道，十月成梁。」』韦昭云：『夏令，夏后氏之令，周所因也。除道所以便行旅，成梁所以便民，使不涉也。』每年九月十月要修理道路桥梁，我国古代很早就有这种规定了。秦律的规定乃是因袭前代的。由此可知，我国古代很早就很重视道路交通了。

我国古代有『爰田』。现今学者多谓『爰田』是换田，是一种土地制度。

『爰田』这个名称最早见于僖公十五年左传。旧时对此有不同的解释。杜预云：『分公田之税应入公者，爰之于所赏之众。』正义引服虔、孔晁云：『爰，易也，赏众以田，易其疆畔。』国语晋语注引贾逵云：『辕，易也，为易田之法，赏众以田，易者，易疆界也。』汉书地理志：『（秦）孝公用商鞅，制辕田阡陌。』注引孟康云：『三年爰土易居，古制也。末世浸废，商鞅相秦，复立爰田，上田不易，中田一易，下田再易，爰自在其田，不复易居也。』

这里服虔、孔晁、贾逵都只说爰田是易疆界，不是易田。杜预不但没有说爰田是易田或易疆界，即『爰』字的字义也不是易。只有孟康说爰田是易田。现今学者谓爰田是换田就是根据孟康之说的。

晋作『爰田』是在晋惠公六年，这一年，晋与秦战于韩，晋惠公为秦所俘虏。后秦穆公答应与晋言和，晋惠公命郤乞回国告诉吕饴甥。吕饴甥要郤乞告国人以晋惠公的命令，立太子圉为晋侯，赏赐群臣，『晋于是乎作爰田』。左传云：

『晋侯使郤乞告瑕吕饴甥，且召之。子金教之言曰，召国人而以君命赏，且告之曰：「孤虽归，辱社稷矣。其卜贰圉也。」众皆哭。晋于是乎作爰田。吕甥曰：「君亡之不恤，而群臣是忧，惠之至也。」』

很清楚，『爰田』是为赏赐晋群臣而作的，并没有说这是易田，是实行一种土地制度。

『易田』最早见于周礼。周礼大司徒云：

『凡造都鄙，制其地域而封沟之。以其室数别之。不易之地家百晦，一易之地家二百晦，再易之地家三百晦。』

这里并没有说这是『爰田』。郑玄注周礼也没有说这是『爰田』。

『换田易居』见于宣公十五年公羊传何休注：

『司空谨别田之高下善恶，分为三品：上田一岁一垦，中田二岁一垦，下田三岁一垦。肥饶不得独乐，垸埆不得独苦，故三岁一换土易居，财均力平……』

这里也没有说这是『爰田』。

把『爰田』和易田连在一起，最早是班固。汉书食货志云：『民受田，上夫田百晦，中夫二百晦，下夫三百晦。岁耕种者为不易上田，休一岁者为一易中田，休二岁者为再易下田，三岁更耕，自爰其处。』

及至孟康说：『三年爰土易居，古制也』，于是爰田便成为易田了。班固『自爰其处』这句话何所根据，我们找不到。如果是据晋国的『爰田』，那显是误解，是附会。晋作『爰田』并不是易田。孟康的话显是根据何休的。只把『换』字改为『爰』字，这实是臆改的。孟康说：『三年爰土易居，古制也，末世浸废。商鞅相秦，复立爰田，上田不易，中田一易，下田再易，爰自在其地，不复易居也。』孟康这段话是他注汉书，解释商鞅所制的辕田的。我们可以看出，他是根据班固之说把商鞅所作的辕田解释为恢复古代易田制的『爰田』制。为要证明商鞅所制的辕田是易田制的『爰田』，又改『换田易居』为『爰田易居』。商鞅所制的辕田根本不是易田，没有把田分为上、中、下三等。孟康之说显是错误的，不足信的。根据孟康这种靠不住的话就说我国古代『爰田』是换田制，实是空中楼阁。

史记秦本纪：『（孝公十二年）为田开阡陌。』

史记商君列传：『为田开阡陌封疆而赋税平。』

汉书地理志：『孝公用商君，制辕田，开阡陌，东雄诸侯。』

据此，商鞅变法，改革田制，他所制的田制就是辕田制。商鞅改革田制，史记、汉书都说他『开阡陌』。『开阡陌』人们都以为是破坏阡陌，即破坏井田制。近李解民作『开阡陌』辨正①，认为『开阡陌』乃是置立阡陌，而不是破坏阡陌，甚是。其实，我们对史记、汉书这几句话稍加玩索，便可知这决不是破坏阡陌。这实是说：造田，修建阡陌封疆。商鞅变法，改革土地，是改变旧的亩制，实行新的亩制，所以要把原来的田亩统统改造，按照新的规定，建立起新的田亩制度，这就必须要建立新的阡陌疆界。所以说『为田开阡陌』。自秦孝公十二年商鞅制辕田到秦武王二年，为时只四十二年。这期间，秦没有进行过什么土地改革。甘茂更修为田律应是根据商鞅的。商鞅改革土地制度，可能也制有为田律。我们把青川木牍为田律所说的情况与史记『为田开阡陌封疆』对照起来看，二者所说的内容基本上是一样的。由此可以推知，商鞅所作田亩的形制必与青川木牍为田律所说的相同。换句话说，青川木牍为田律所述田亩的形制就是『辕田』。商鞅制『辕田』，主要的是建立封埒阡陌疆界，我疑『辕田』这个名称就是由此而来。

『爰田』，国语和汉书都作『辕田』，说文作『趄田』。金文有『趄』字。『爰田』之『爰』应初是作『趄』。按『趄』字古与『桓』字通用。如田齐桓公，齐侯因資鐔作『趄公』。虢季子白盘：『趄趄子白』，『趄趄』显即是『桓桓』。『桓』有旋回之义。水经注桓水云：『桓是陇坂之

①文史第十一辑。

名，其道盘桓旋曲而上，故名曰桓。』说文云：『亘，求回也。从二从回，回，古文回，象亘回之形。』说文云：『回，转也。』『亘』义也为回旋、回转，与『桓』相同。『亘』当就是『趄』『桓』的初字。『趄』『桓』都是由『亘』孳乳的。我疑『垣』字也是由『亘』孳乳的。垣是墙，墙也是四周环绕的，所以墙又名为垣。按牍文封与封之间有埒。说文云：『埒，庳垣也』，也即是矮墙。这种田所以称为『趄田』，就是因为它四周用垣围绕着的缘故。

按从『亘』作的字往往又和从『宣』作的字通用。例如成公十二年左传：『曹桓公卒于师』，礼记檀公 史记曹叔世家 汉书古今人表都作宣公。魏桓子，韩非子十过篇及说林上 国策魏策都作宣子。诗卫风淇奥：『赫兮愃兮』，释文引韩诗作『赫兮咺兮』，大学作『赫兮喧兮』，说文作『赫兮愃兮』。这些字当也都同是由『亘』孳乳的，所以可以通用。诗绵：『乃慰乃止，乃左乃右，乃疆乃理，乃宣乃亩。』郑玄笺云：『时耕曰宣』，朱熹云：『宣，布散而耕也，或曰导其沟洫也。』孔颖达正义云：『时耕曰宣，无他文也，郑以义言之耳。』可知郑玄实不知道『宣』字的字义，他说『时耕曰宣』，没有训诂的根据，只是望文想象。朱熹之说自更是臆度。尔雅释言云：『宣，徇，遍也。』郭璞云：『皆周匝也。』是『宣』也有围绕之义。这与『桓』『趄』义相同。我们以为『宣』义也与『垣』相同。『乃疆乃理，乃宣乃亩』，是说划分田界，田四周作垣，开田为亩。如此说不误，则周在太王迁周原时，田地已作田埂，耕种已作垄亩了。甲骨文有『彊』及『畕』字，也足证殷代田已有疆畔。

『䞒田』又作『爰田』。这最简单的解释是『爰』与『䞒』音同通用。按『爰』与『寽』古通。说文云：『锾，锊也。』考工记冶氏郑玄注引说文解字云：『锾，锊也。』考工记弓人：『胶三锊』，郑玄注云：『锊，锾也。』贾公彦疏云：『锊与锾为一物。』金文『锊』只作『寽』，如扬簋：『取征五寽』，番生簋：『取征廿寽』，后加『金』旁作『锊』。『爰』盖为『寽』之讹误。『爰田』『爰』即阡陌上所作的『埒』。『爰田』即由此而得名。

『爰田』应就是以百亩为单位，四周修筑阡陌封埒以为疆界的田，与易田没有关系。晋作『爰田』是为了赏赐群臣。赏赐群臣为什么要作『爰田』呢？其真相已不能确知。贾逵、服虔、孔晁都谓是『赐众以田，易其疆界』。从上述『爰田』的情况看，这应是赐田作疆界。孟子云：『夫仁政必自经界始，经界不正，井地不钧，谷禄不平，是故暴君污吏必慢其经界。经界既正，分田制禄，可坐而定。』古代田的疆界是很重要的，而『暴君污吏』又常常要破坏田界。又如郑国子产执政，使『田有封洫，庐井有伍』。『封洫』也是田界。这也必是在此以前，郑国田亩疆界遭受破坏，所以子产执政，首先就整理封洫。我疑古代土地疆界原只有封而无埒。有封无埒，疆界就不十分明确，因而『暴君污吏』恃势欺凌，侵占他人的土地，就很容易地破坏田界。晋在作『爰田』以前，情况可能也是如此，土地疆界错乱。晋赏赐群臣贵族土地，把所赐田地的四周修筑起封埒，使疆界明确固定。这样，贵族们得到土地，确切可认。征收租赋也就比较容易。所以晋作『爰田』，吕甥说：『惠之至也。』

商鞅作『辕田』当是仿照晋的。但商鞅『辕田』的面积比以前要大。杜佑通典州郡典雍州风俗：『按周制步百为亩，亩百给一夫。商鞅佐秦，以一夫力余，地力不尽，于是改二百四十步为亩，亩百给一夫。』这比以前增加了一倍以上。其所以要如此，显是因为商鞅要实行农战政策，发展农业，增加生产，故扩大耕地面积，使农民劳动力充分发挥。睡虎地秦墓竹简 田律：『入顷刍稿，以其受田之数，无垦不垦，顷入刍三石，稿二石。』田无论垦不垦都要纳刍稿，这更是用征税来强迫农民必须尽力耕种了。同时，当时的农业生产技术已进步了，一个农民和他的家人也能够耕种这么多的土地了。

过去，人们都认为商鞅变法，废除井田，令民得买卖，土地可以私有。近时因睡虎地秦墓竹简 田律有『受田』记载，有人认为商鞅变法后，秦是实行授田制。按杜佑云：商鞅变法，『改制二百四十步为亩，百亩给一夫』。杜佑就以商鞅所行的是授田制。我认为商鞅确实行了授田。商鞅制辕田，把田的面积扩大了一倍多，田又按百亩为单位四周修筑封埒阡陌。很明显，这是对旧田制进行了彻底的大改造。这样改造以后，田的大小形状都改变了。这样，农民原来耕种的土地也面目全非了，各人再不能耕种自己原来的土地。在这种情况下，试想：土地怎能不需要重新分配呢？这必须要实行授田，而且必须按新建的辕田制每户百亩授予农民。汉书 地理志 注引张晏云：『商鞅始割列田地，开立阡陌，令民各有常制。』史记 蔡泽列传云：商君『决裂阡陌，以静生民之业』。从这两句话看，田既授之后，是相当固定的，农民可以安定地生产。由此看来，农民受了田，即使不是归其所有，也必是长期地为其所使用，而不是定期还田于国家。这样，时间既久，便可能逐渐事实上成为私有，虽法律上还不承认私有。又商鞅变法，『明尊卑爵秩等级各以差次，名田宅臣妾衣服各以家次』。『名田宅』应是田宅私有。这应是规定有官爵和有功受赏的田宅即为其所有，不再归还国家。这似也可以窥见当时土地已可以私有。商鞅变法，实行授田，虽不能说就是土地私有，似也可以说是秦国土地私有的滥觞。

汉书礼乐志引贾谊的话说：『秦人家富子壮则出分，家贫子壮则出赘。』这应是在商鞅变法后，秦国真实的情况。从这两句话，我们可以推测，秦在商鞅授田以后，似没有再继续授田，至少不经常进行授田。商鞅之法：『民有二男不分异者倍其赋。』男子成人以后，一定要分居。贫穷的人家，男孩子成人以后，为什么不分居，而要去作人家的赘婿？这当是他家没有财物土地可分，同时国家又不授予他土地，他没有土地可以生产，便不得已去作人家的赘婿。富人家有多的土地，孩子长大成人，分居可以给他土地财物，他可以独立劳动，独立生活。从这些情况看，自商鞅实行授田以后，授田似并没有成为一种固定的制度，继续执行下去。一般平民已有贫富之分，土地买卖可能已存在。

我国古代记载都谓土地的面积是以百亩为一单位。如孟子云：『周人百亩而彻。』又云：『百亩之田，勿夺其时，数口之家，可以无饥矣。』据汉书食货志，魏文侯时，李悝作尽地力之教云：『今一夫挟五口，治田百亩。』荀子大略篇：『家五亩宅，百亩田。』吕氏春秋乐成篇：

『魏氏之行田也百亩。』周礼大司徒：『不易之田家百亩。』礼记王制：『制农田百亩。』从青川木牍秦为田律看，先秦时代，土地面积确实是以一百亩为一单位，而且确实是一户的耕作单位。

这里我想对井田制再简单地说几句。

关于井田制，长期以来争论不休，及今还不能解决。目前对于井田制有几种说法：

1.没有井田制。

2.有像孟子所说的那种井田制。

3.井田即方块田。

4.在平原地区，地理条件适宜的地方实行井田制。在山林沼泽地区，地形不适宜的地方，未实行井田制。井田制不是普遍通行的制度。

像孟子所说的『方里而井，井九百亩，其中为公田，八家皆私百亩，同养公田』这样的井田制，肯定是没有的。这显只是孟子对滕文公作的一种建议，不是事实。孟子明明说：『周人百亩而彻』，周所行的是百亩制，不是井田制。第三种说法，『井田即方块田』，不是九百亩为一井。那只要说方块田就行了，何必说它是井田制呢？把方块田加上个井田制的名称，就无此必要。第四种说法，井田只是在某些地理条件适宜的地区实行，不是普遍通行的制度。井田制既不是我国古代通行的制度，那在我国古代土地制度上就不占主要的地位。它在我国古代土地制度上既不占主要地位，那它对我国古代社会经济就不是起主要的作用，研究我国古代的社会经济也就不能以它为依据，讨论井田制也就没有什么重要的意义。

我国古代文献记载，农田都是以一百亩为一单位。辕（爰）田也是以一百亩为一单位。井田也是一百亩为一单位。三者都是以一百亩为一单位，这不是一样吗？！以百亩为一单位在我国古代应是最普遍、最通行的制度。从这种情形看，我国古代主要的土地制度应只有一种，即百亩制。

我国古代农田是以一百亩为一单位。田广一步、长百步为一亩，百亩正是个长广各百步的正方形。所有的田都是这样一般大小的正方形，正是整整齐齐的。在平衍地区，在这样的田野上，田界道路纵横也一定是很直的，呈方格形，井田的名称可能就由此而来。井田应只是指田界的形状而言，不是土地制度。

爰（辕）田、井田，商鞅变法，改革土地的情况及其所行的土地制度，都是难以确知，纷争不已的问题。青川秦为田律木牍使我们能把这些问题联系起来，得到一个比较合理的解释，使我们对我国古代的土地制度有个比较明确的认识，其价值真是不小。

原载安徽师大学报（哲学社会科学版）

1983年第3期，第57—63页

再论爰(辕)田

两年前，拙作四川青川秦墓为田律木牍考释，曾谓木牍为田律所说的田亩形制就是商鞅变法改革土地所作的辕田。由此上溯，推断春秋时晋惠公所作『爰田』，应也就是这种形制的田。木牍为田律所说田亩的形制是以百亩为单位。四周修筑封埒阡陌。晋惠公所作的爰田也即是这样的田。『爰』（辕）是指围绕的封埒而言的，不是如旧所说的易田。

这里我再作一点补充。

此事关键在『爰』（辕）字的字义。『爰』字除晋作『爰田』一处汉代服虔、贾逵训为易以外，它处不见有训易者。可见服、贾等之说是没有根据的，可能只是当时治左传国语的古文学者之说。

爰田又作趄田，『趄』即是『亘』字。『亘』字义为环绕。『爰』与『趄』通用，义也当为环绕。我们查『爰』字确有环绕之意。说文：『瑗，大孔璧。……尔雅曰：「好倍肉谓之瑗，肉倍好谓之璧。」』又云：『環，壁肉好若一谓之環。』『瑗』与『環』为同一形状的玉器，只是中间的好有大小不同而已。又汉书五行志上中：『成帝时童谣曰：「燕燕尾诞，张公子时相见。木门仓琅根，燕飞来啄皇孙，木门仓琅根，谓宫铜鍰。」』（见外戚传）师古注云：『门之铺首及铜锾也。铜色青，故曰仓琅，铺首衔環，故谓之根。锾与環同。』按说文徐铉切音锾、環皆『户关切』，声音相同。由此可知，『爰』义也必为環。说文『環』字段玉裁注云：『郑注经解曰，環取其无穷也。……環引申为围绕无端之义。』『爰』义也必为围绕，与⿺走亘相同。

『爰田』又作『辕田』。说文『爰』字注云：『籀文以车辕字。』据此，『爰』假借为『辕』。考『爰』与『袁』通用，如汉爰盎史记作袁盎。清翟中溶集古虎符鱼符考及今人黄濬衡斋金石识小录亦载有汉临袁侯虎符，文云：『与临袁侯为虎符，第二。』杨树达考即史记高祖功臣侯者年表及汉书高惠高后文功臣表之临袁侯戚鳃。（积微居金文说汉临袁侯虎符跋）是『袁』与『辕』通用。『袁』与『辕』原即一字，『辕』乃后加『车』旁而已。『辕田』初应只作『袁田』。

说文云：『袁，长衣儿，从衣去省声。』段玉裁云：『此字之本义，今只为姓，而本义废矣。』这个字的本义是否为长衣儿，没有佐证。许慎的解释字形字义显都是望文生义。按从『袁』作的字有『園』字。说文云：『園，所以树果也，从口袁声。』周礼太宰职云：『以大职任万民，二曰園草木。』郑玄注云：『树果蓏曰圃，園其藩也。』诗郑风将仲子：『将仲子兮，无逾我園。』正义云：『太宰职云：園圃毓草木，園者圃之藩，故其内可以种木。』朱熹诗集传云：『園者圃之藩，其内可以种木。』郑玄、孔颖达、朱熹都说園是圃之藩。诗齐风东方未明：『折柳樊圃。』正义云：『樊，藩也，释言文。樊圃之藩。』郭璞曰：『说藩篱也。种菜之地谓圃，其外藩篱谓之園。』園是藩篱，『園』字也即是有围绕之义。由此可以推知，『袁』字义也当为围。『袁』当就是『園』字的初字，后加『口』为『園』。

『爰』『袁』和『亘』一样，义也都为围绕、环绕，『爰田』是以百亩为单位，四周修筑封埒为界的田，似无可疑。

商鞅变法作辕田，史记 汉书都说『为田开阡陌』或『制辕田，开阡陌』。

史记秦本纪：孝公十二年，『为田开阡陌』。

史记六国年表：孝公十二年，『令为田开阡陌』。

史记商君列传：『为田开阡陌封疆而赋税平。』

汉书地理志：『孝公用商君，制辕田，开阡陌，东雄诸侯。』

他们都强调『开阡陌』，可见『开阡陌』是商鞅『制辕田』中的一件重要的事。张晏云：『商鞅始割裂田地，开立阡陌。』说得很清楚，『开阡陌』是建立阡陌。睡虎地秦墓竹简法律答问：

『盗徙封，赎耐。可（何）如为「封」？「封」即田阡陌。顷半（畔）「封」殴，且非是？而盗徙之，赎耐。可（何）重也？是，不重。』

阡陌封疆还用法律来保护，有非法移徙封者还要处以『赎耐』之刑，更可见封疆阡陌的重要。过去说，『开阡陌』是破坏阡陌，显然可见是错误的。

商鞅作辕田，阡陌为什么如此重要呢？按商鞅作辕田是对秦国的土地进行一次大改革。他把田亩的面积扩大，把原来秦田百步为亩、亩百给一夫，改为二百四十步为亩、亩百给一夫。这样扩大田亩的面积，自是商鞅为富国强兵，实行农战，使农民充分发挥其劳动积极性，增加生产。但除此以外，还有其他的目的和作用。

史记商君列传：『为田开阡陌封疆而赋税平。』商鞅改革田亩制度也是为使农民赋税负担平均合理。土地以一顷为一单位授予农民，农民每家的土地相等，按此征税，负担自也比较公平了。睡虎地秦墓竹简田律：『入顷刍稿，以其受田之数，无垦不垦，顷入刍三石、稿二石。』秦确是以一顷为单位征税的，这样征税比较公平合理，也比较简便。但这种制度必须要一顷土地的面积能保持不变。这就必须要修封埒阡陌作为固定的田界。其所以重视阡陌封疆，而且用法律保护阡陌封疆，原因应即在于是。

汉书地理志：『孝公用商鞅，制辕田，开阡陌，东雄诸侯。』照这样说，秦国的强大，『开阡陌』是个重要因素。商鞅变法，改革土地制度，农民每家所有的土地增多了，农民赋税负担也比较公平合理了。再加上商鞅对农民耕织好坏有奖有罚，这样使农民生产积极性增加而且还必须努力生产，农业生产发达了，国家自然也就富强了。我觉得，商鞅作辕田的作用还不止此。它对秦国的法制也有重要的作用。这不只是经济改革，也是一次法制改革。史记秦本纪孝公十二年，『并诸小乡聚，集为大县，县一令，四十一县，为田开阡陌』。在商鞅改革土地制度的同时，又建立了行政区域县。郡县春秋时已经出现了。这一是由于诸侯互相兼并。因为诸侯是不能封国的，它获得的土地只能派人管理。二是由于诸侯卿大夫的食邑。春秋时代，诸侯卿大夫有食邑，诸侯又往往赏赐卿大夫田邑。诸侯卿大夫又不能分封，更只有自己派人管理。随着春秋时代卿大夫的权势增大，这种县就越来越多。这种县起初只是食邑，但既派人治理，就逐渐具有行政区域的性质。如论语云：

『子游为武城宰。子曰：「女得人焉尔乎？」曰：「有澹台灭明者，行不由径，非公事未尝至于偃之室也。」』

『子游为武城宰。孔子之武城，闻弦歌之声。夫子莞尔而笑，曰：「割鸡焉用牛刀？」子游曰：「昔者闻诸夫子曰：君子学道则爱人，小人学道则易使也。」』

这里邑有『公事』，邑宰要求贤，要教育人民，要为人民谋利，这显是有行政性质，而必只是征收赋税的了。但这种县的机构组织怎样，记载缺乏，不得详知。不过作为比较有组织的地方行政机构的县，可能以商鞅所作的县为最早。汉书百官公卿表：

『县令、长，皆秦官，掌治其县。万户以上为令，秩千石至六百石；减万户为长，秩五百石至三百石，皆有丞、尉。秩四百石至二百石，是为长吏。百石以下有斗食、佐史之秩，是为少吏。大率十里一亭，亭有长；十亭一乡，乡有三老、有秩、啬夫、游徼。三老掌教化；啬夫职听讼，收赋税；游徼徼循禁贼盗。县大率方百里，其民稠则减，稀则旷，乡、亭亦如之。皆秦制也。』

照这里所说的，秦县乡的行政组织是相当完备的。但商鞅变法开始设置县时是否就如此完备则很难肯定，也许是后来逐渐改善才达到这种程度的。不过，商鞅变法初设置县时其机构也仅有一定规模。史记商君列传云：『集小都乡邑聚为县，置令丞。』是县令和县丞商鞅初置县时就设置了。史记六国年表云：秦孝公十三年，『初为县，有秩史』。是商鞅初置时也有了。『秩史』当就是斗食、佐史之类。商鞅所设置的县实完全是行政机构了。

史记秦本纪说商鞅『并诸小乡聚，集为大县』。正义言县乡众『犹村落之类也』。这种村落是什么性质的呢？是农村公社？还是井田制下的奴隶？还是封建领主制下的农奴？

不论怎样，商鞅把这些村落合并成为县，对这些村落必定加以改造。在这样改乡聚为县的同时，又改革土地制度，授予农民土地。这样，县就完全为王权制下的行政区域，农民也须为王权制下的个体农民了。反过来说，这就确定了王权专制下的中央集权的政治制度。这种中央集权的专制制度确立以后，一切改革的政策和传令的贯彻执行就更顺利了。

在此以前，商鞅变法在政治、经济、社会方面也作过改革。史称：『行之十年，秦民大说，道不拾遗，山无盗贼，家给人足，民勇于公战，怯于私斗，乡邑大治。』并小乡聚为县及作辕田，则对秦国的政治和经济更进一步作彻底的改造，这样改革以后，秦国的政治、经济和社会的面貌便完全改观。它就以一个新的社会、新的政治呈现在历史上。史称商鞅『开阡陌，东雄诸侯』，原因即在于此。

春秋时晋作『爰田』，我说也是和商鞅作『辕田』一样，其目的也是为要固定田亩的疆界。春秋时代各国有变更和侵占土地破坏田界的现象。如银雀山出土孙子兵法佚简吴问说，晋国范氏、中行氏的田以八十步为畹，百六十步为畛；韩氏、魏氏以百步为畹，二百步为畛；赵氏以百二十步为畹，二百三十步为畛。晋国的田亩至少有三种不同的亩积。这三种不同的亩积，必是他们在自己的领地内变更原来田亩面积的。变更田亩面积，同时也必须变更原有田疆。又如襄公十年左传云：『初子驷为田洫，司氏、堵氏、侯氏、子师氏皆丧田焉。』杜预注云：『子驷为田洫以正封疆，而侵四族田。』孔颖达正义云：『四族皆是富豪，占田过制，子驷为此田洫，正其封疆，于分有剩，则减给他人，以正封疆而侵四族田也！』这很明显是这四族破坏疆界，侵占土地。

春秋经鲁宣公十五年『初税亩』。这是怎么一回事？过去的解释都难使人明了。左传云：

『初税亩，非礼也，谷出不过。』

杜预注云：

『周法民耕百亩，公八十亩，借民力而治之，税不过此。』

公羊传云：

『初税亩，初者何？始也。税亩者何？履亩而税也。』

何休注云：

『时宣公无恩信于民，民不肯尽力于公田，故择其善亩，谷最好者税取之。』谷梁传云：

『初税亩，初者始也。古者什一，籍而不税。初税亩非正也。』

这都只是说『初税亩』不合礼，不合于旧的制度，没有说为什么要改用这种税制。何休说鲁宣公时民不尽力于公田，因而择亩善好谷者而税之，显然是谬说。近时人解释『初税亩』，说这表明鲁国正式宣布废除井田制，承认私田的合法性，而一律取税，这显也是想象之辞，没有说明这句话应为何解释。这里应当注意的是『亩』。什么是『亩』？古代田广一步、长百步为一亩。『亩』就是田垄。周语韦昭注云：『下曰畎，高曰亩，亩垄也。』周代的土地是以一百亩为一单位的，即所谓一夫之田。税收即以百亩为单位，而所注『百亩而征』。若田籍法，则更只借用农民的劳动力，不按田收税。『税亩』是『履亩而税』，这必是按照垄亩的数目多少征税了。按垄征税，则过去按百亩征税的制度就取消了。鲁国为什么要废除旧制，改行新制呢？这必是旧的税征制度不适宜于新的情况，不能再用，而必须改行按亩征税的制度了。鲁为什么要改行税亩制呢？这必是由于当时田亩疆界遭受破坏。田界破坏，田的大小就不一，原来百步为顷的田亩也就被破坏，有的虽名为百亩实不及百亩，有的又不止百亩。可能还有垄间的许多土地，不能纳入百亩制度之内，这样为使征税合理及增加国家的收入，不能不改行按亩征税。

鄂君启金节跋

一九五七年四月，寿县农人取土修堤，在寿县东门处丘家花园发现此□楚国鄂君启金节四件。这对于我们研究战国时楚国历史是件极其珍贵的材料。关于这四件『节』，安徽省博物馆的殷滌非、马长铭以及郭沫若都已有研究，发表于文物参考资料一九五八年第四期，他们都指出不少有意义的意见。这里我想再加以补充并说明我一点粗浅的不同的看法。

释文一

大司马邵（昭）昜（阳）败晋帀（师）于襄陵之戢（岁），頣（夏）尿之月，乙亥之日，王凥于栽郢之游宫。大攻尹脽台。王命：集尹□悼𩋭，裁尹逆，裁𦥑阬为鄂君启之𢊁，𧶜铸金节。屯三舟为一舿，五十舿，戢罷返。自鄂往，逾沽（湖），上滩，庚㕽，庚芑阳。逾滩，庚郢。逾頣，内邔。逾江，庚彭徲，庚松昜，入浍江，庚爰陵。让（上）江，内湘，庚𦎫，庚浉昜。内澴，庚鄗，入𣵀（资）、沅、澧、𣿅。让（上）江，庚木闗（关），庚郢。见其金节则毋政（征），毋舍桴饲；不见其金节，则政。女（如）载马牛羊台出内闗（关），则政于大𢊁，毋政于闗。

释文二

大司马邵易败晋帀于襄陵之岁，𩒨𡱂之月，乙亥之日，王凥于𢦏郢之游宫。大攻（工）尹台王命：集君𠫑𩟆，裁尹逆，裁令阢为鄂君启之府，赓铸金节。车五十乘，𢧢𦉥返。毋载金革黾箭，女马、女牛、女德，屯十台当一车。如棓徒，屯廿棓台当一车，台毁于五十乘之中。自鄂往，庚昜丘，庚邡（方）城，庚𦤬禾，庚畐楚，庚繁昜，庚高丘，庚下蔡，庚居鄛，庚郢。见其金节则毋征，毋舍桴饲，不见其金节则政。

鄂君启金节

去年四月，寿县丘家花园出土鄂君启金节四件。这实是我国楚文物又一重要的发现。这四件金节不仅是考古学上珍贵的发现，对于战国时代的历史也是极宝贵的材料。

鄂君启金节四件分属两组，一是水路用的，一是陆路用的。

『大司马邵（昭）昜（阳）败晋帀（师）于襄陵之𢧢（岁），𩒨(夏)𡱂之月，乙亥之日，王凥于𢦏郢之游宫。大攻尹脽台。王命：集尹□𠫑𩟆，裁尹逆，裁𩠐阢为鄂君启之府，赓铸金节。屯三舟为一舿，五十舿，𢧢𦉥（能）返。自鄂往，逾沽（湖），上滩，庚肙，庚芑昜。逾滩，庚郢。逾𩒨，内邔。逾江，庚彭𢓜，庚松昜，入浍江，庚爰陵。让（上）江，内湘，庚賖，庚㴬昜。内澧，庚卹，入隙（资）、沅、澧、腺。让江，庚木關（关），庚郢。见其金节则毋政（征），毋舍桴饲；不见其金节，则政。女（如）载马牛羊台出内關，则政于大質，毋征于關。』

这是水路通行用的节。『大司马邵阳败晋师于襄陵之岁。』邵阳即是昭阳。史记楚世家楚怀王六年，『楚使柱国昭阳将兵攻魏，破之于襄阳，取八邑』，这个金节当即是这一年铸造的。这学者业已指出，必无可疑。这一年史记六国年表和史记魏世家都说是魏襄王十二年，以竹书纪年来核算，这实是魏惠王后元十二年。

『王凥于𢦏郢之游宫。』『凥』字郭沫若释『居』，不确。按另一陆路用的金节有『居巢』，『居』作，与此不同，『凥』必不是『居』字。我以为这乃是『处』字。金文处字从『几』作，这个字也从『兀』，从字形上有相同之处。『𢦏郢』，殷滌非、马长铬说是寿春，郭沫若说是江陵楚都，都值得商量。按下文『上江，庚木关，庚郢』。『𢦏郢』和『郢』必不是一地。汉书地理志江夏郡有郢县，自注云：『楚别邑，故郢。』又楚都之郢又称纪郢，因为其原为纪南城。『庚木关，庚郢』之郢如果是江夏的楚别邑之郢，则𢦏郢反有为楚都之郢的可能。反之，为『庚郢』之郢若为楚都，则𢦏郢必为一地。按节辞云：『设𢦏郢之游宫。』𢦏郢既然是游宫所在地，可以推知必不是楚国的都城。

我认为𢦏郢可能是汉书地理志南郡的郢，地理志南郡郢县自注云：『楚别邑，故郢。』水经注：『江水又东径郢城南。子囊遗言所筑城也。』地理志曰：『楚别邑，故郢矣。』又括地志云：『又至平王更城郢，在江陵县东北六里故郢城是也。』我们疑心栽郢就是此地。这里去楚都郢很近，所以有游宫。

『集尹恖，裁尹逆』，集尹不是什么官，裁尹疑就是箴尹。楚官有箴尹，又作鍼尹或咸尹。『箴』『鍼』都是由『咸』得声。『咸』和『鍼』声音实不同。我疑心『裁』就是『鍼』字的本字。『裁』从『戋』作，由『戋』得声。『戋』『鍼』一声。

辞又云：『让江，庚木关，庚郢』，这个郢是不是地理志的故郢呢？如若是故郢，则栽郢似又不是楚国的都城郢。因为，这个节是免税证。这里所说『庚』某处，即是经过某地，应是设关征税的地方。设关征税的地方，定是大路要冲，而且商业比较兴盛的地方，这里有货物集中。照这种情况推想，郢应即是楚国的都城。

这个节水行免税证。自鄂往以下记船行各条路线和经过的地方。

『自鄂往，逾沽（湖），让滩，庚脣，庚芑阳。』『沽』不知指的是什么湖，郭沫若说是东湖，恐不确。东湖在今武昌，由武昌入汉，不能逾东湖。我们指汉阳附近的湖。『让滩』即溯汉水而上。『庚脣』殷滌非、罗长铭及郭沫若都说意为经，□是。庚经一声，□□为经。吾意庚意也可能为径，径意为过及直二义。庚某地意为到达某地，脣及芑阳在什么地方现已不得知了。当在汉水上。

『逾滩，庚郢』，上面说逾湖上汉，这里说『滩，汉庚郢』，同是自郢往汉水流域，而所取的路线不同，疑这是由鄂直接渡江入汉水。邔当在汉水北岸，而在屑、芑阳两地之下。

『逾頪，内邔。』郭沫若将此四字连读，内为纳，夏内即夏纳，是现在的汉口。頪当是夏水。古代夏水实不是现在的汉水。地理志南郡华容自注云：『夏水首受江，东入沔，行五百里。』水经江水：『（江水）又东至华容县西，夏水出焉。』又沔水：『又东南过江夏云杜县东，夏水从西来注之。』注云：『即堵口也。』夏水就是这条水。吴倬信汉书地理志补注云：『夏水即今监利县东南鲁洑江。』汉书地理志南郡有邔县。元和郡县图志：『宜城县本汉邔县地。』清一统志说：『邔县故城在今襄阳府宜城县东北。』据此，则邔当在宜城，但照文义来看，则应该说『上□□』，不能说『逾夏』。『逾夏，入邔』，应该是由夏水入邔，如邔是宜城，须由汉水而上。邔为宜城似乎是稍远了一点，照节辞用字来看，凡言内者，所指都是水。『内邔』，疑邔也是水，这条水当在夏水以北，在现在潜江一带。

『逾江，庚彭徲，庚松昜，入浍水，庚爰陵。』郭沫若说这一条路线是经鄱阳湖入赣江，恐不确，这是以彭徲为彭蠡而想象的。这里说『逾江』应该是指渡江而北，不能说是沿江而下。这里所说地名，都不知道在什么地方，也就难以确指。

『让江，内湘，庚𧸘，庚淜昜。』这是由鄂溯江而上，入湘水。𧸘和淜阳是什么地方，也不能确知。

『内灅，庚郙；内隊（资）、沅、澧、瀿。』灅，郭沫若说是洞庭湖。瀿，马长铬、郭沫若说是油水，这从地理上推测，都是可能的。这条路是由鄂入洞庭湖，至资、沅、澧诸水流域。

『让江，庚木關（关），庚郢。』这是由鄂溯江而上到楚国都城郢。木关不知何地。

『大司马卲（昭）昜败晋帀（师）于襄陵之戢（岁），顕层之月，乙亥之日，王凥于苌郢之游宫。大攻（工）尹脽台王命：集尹悤樯，裁尹逆，裁令阬为鄂君启之腐，赚铸金节。车五十乘，戢罷返。毋载金革龟箭，女马、女牛、女德，屯十台当一车。女棓徒，屯廿棓台当一车，台毁于五十乘之中。自鄂往，庚昜丘，庚邡（方）城，庚象禾，庚畐楚，庚繁昜（阳），庚高丘，庚下鄦，庚居鄛，庚郢。见其金节则毋政，毋舍桴饲，不见其金节则政。』

这是陆行用的节，与水行用的节同时赐给鄂君启的。这里规定每次运货最多五十乘。如果用马牛或人力负运，规定十四牛马或十个人当一车，并又规定禁止贩运金革龟箭。这里举出所经过的地方繁阳、下鄦（蔡）、居鄛都很清楚，其余则很难确指。方城，郭沫若说即是文公十六年左传『及庸方城』的方城，在今湖北竹山。我们觉得方城也可能是『方城以为城』的城山。

这几件节最重要的，是对我们了解战国时代的商业情况给予了很大的帮助。这个『节』是楚怀王特制给予楚国贵族鄂君启的。这乃是免税证。凡是鄂君启的货物经过这里所列举的各关的时候，见到这个金节『则毋政（征），毋舍桴饲』。『毋舍桴饲』不知是什么意思。『毋政』，则是不征税。由此可知，当时楚国贵族经商是享有免征关税的特权的。

当时，楚国贵族经营商业的资本和规模也由此可以推见。鄂君启在水陆两路都有货物贩运。在水路方面是『屯三舟为一舿，五十舿』。这就是他可以运一百五十船货物。这里没有说明这一百五十船货物究竟是一年的总数这样多，还是一次有这样多。不论怎样，鄂君启在水路方面每年至少有一百五十船货物运到各地出卖。在陆路方面，他可以运货『车五十乘』。古代一乘是四辆车，这就是二百车。就以牛马驮运，十四牛马当一车，这就有两千匹马或两千驮牛。若用人负运，二十人当一车，则有四千人。这五十乘的货物，也没有说明是全年所允许经营的数量，还是一次的数量。这里还有一件事也说明数量不知道，就是两种节是否可以同时用，还是每次只能用一种。我们推想，既给予他两种节，当是两种可以同时都用。如这种推测没有错误，则鄂君启每年至少可以经营一百五十船或车五十乘的货物。这两者合起来，实是非常可观的，由此可知，鄂君启经商的资本是非常雄厚的。

鄂君启经商所到达的地方，西到湘、资、沅、澧诸水流域，东到下蔡、居巢，从节上的地名看，当时他几达楚国各地。这不仅可以看到鄂君启经商范围的广大，也可以想见楚国商业的发达。战国时楚国国内各地的货物实都能彼此流通了。

这两种节是免税证。所说『庚』某地，就是经过其地，准予免税。节上所举的地名必都是设关征税的所在。由此可知，战国时国内设关的地方实属不少。荀子富国篇云：『苛关市之征，以难其事。』这样多的关对于商品的运销实属很大的妨碍，不过设置这样多的关来征税，其目的自是为对商人进行搜刮，增进统治者的财政收入。这也足以反映当时商业的兴盛。

汉武帝尊儒考

汉武帝罢黜百家，独尊儒术，其影响于我国学术思想以至政治社会者极巨，实为中国历史极重大之事。然而事之原委情实如何，史家鲜有明确之叙述。此篇之目的，乃欲将此事之经过为之说明。至于其影响功过，不敢妄论也。

一 汉武帝尊儒之原因

前此学者对于汉武帝尊儒之原因，皆仅有笼统之言，鲜有详细之分析。其论汉武帝尊儒之动机，或谓为『统一思想』，或谓为『可便于专制之统治』，或谓为『粉饰太平』。此类见解，实非持平之论。吾人以为历史上大事之发生及其能成功，必由于趋势之必然，关乎社会之需要，绝非由于一二人之私意，甚至一二人之一念。事之能成功，必其事本身即可以成功，有力者之提倡或政治力量之推行，不过仅为一种助力，促进其成功而已。反之，如其事违背历史演进之趋势或者社会需要，则纵然有力者之提倡或政治力量之推行，而必不能成功。如王莽之行王田制，既用政治之力推行，复为当时儒者之所称道。然卒遭失败者，乃因其违背历史演进之法则及不合于社会需要也。执此以观，学者论汉武帝尊儒为『统一思想』『便于专制之统治』或『粉饰太平』之一念，可见其非笃论矣。再就汉武帝尊儒之事实观之。武帝即位时，即诏丞相、御史中二千石、二千石诸侯相举贤良方正、直言极谏之士，而罢百家。时武帝年仅十六七，尚属童稚，恐尚不知所谓『统一思想』『便于专制』『粉饰太平』也。

吾人以为汉武帝之尊儒乃由于三种原因：一、儒学浸渐发达之结果；二、当时国势发展的必然结果；三、社会的需要。

秦始皇焚禁诗书，于儒学诚为一大打击，然儒学未尝因此而灭。

秦焚诗书，儒学未灭，今文学家之论也。以史证之，实属不谬。史记秦始皇本纪李斯焚书议云：史官非秦记皆杂烧之；非博士官所职，有敢偶语诗书者弃市。今文学者按此谓始皇所焚者，仅民间之书，博士官所职，固犹无恙。实则民间之书未尽焚。史记六国表序云：『秦既得意，烧天下诗书诸侯史记尤甚，为其有所刺讥也。诗书所以复见者，多藏人家。而史记独藏周室，以故灭。』是非特民间之书未尽焚，诗书且赖在民家而不灭。博士官所职者，似反遭毁。是秦虽焚书而典籍犹传也。而秦焚书□□生为数犹众。史记秦始皇本纪：始皇坑杀咸阳诸生时，太子扶苏谏曰：『天下初定，黔首未集。诸生皆诵法孔子，今上皆重法绳之，臣恐天下不安，唯上察之。』始皇杀儒生四百余人，是以令天下不安，则必其时，天下儒生甚众，儒学犹至有势力，为人所尊重。又史记叔孙通列传云：『陈涉起山东，二世召博士诸儒生问曰：『「楚戍卒攻蕲入陈，于公如何？博士诸生三十余人前曰。」』是秦于焚书坑儒之后，秦廷仍召不少儒生。史记儒林列传：『沛公不好儒，诸客冠儒冠来者，沛公辄解其冠，溲溺其中。与人言，常大骂。』是又可证当时各地儒者犹众。其他可指者，如浮丘伯为秦汉之硕儒，伏生以儒而为秦博士。陈余、郦食其、陆贾、随何，皆为儒生。儒生人数既众，则儒家经典，为诸儒所咏讽之诗书、六艺，不当灭绝。史记叔孙通列传云：『叔孙通之降汉，从儒生弟子百余人。然通无所言进，专言诸故群盗壮士进之。弟子皆窃骂曰：「事先生数岁，幸得从降汉，今不能进臣等，专言大猾何也。」』通有弟子百余人，是秦时儒学犹能传授也。秦时，诗书未尽焚毁，儒者人数犹众，儒者之冠服，孔子之礼器犹复保存，儒学且能传授，则儒学之未灭，可以了然矣。

自秦法不行，儒学即渐复活。迨至文景之兴，儒学即渐兴盛。汉书儒林传云：『汉兴，伏生求其书，亡数十篇，独得二十九篇，即以教于齐、鲁之间。齐学者由此颇能言尚书。山东大师，亡不涉尚书以教。』又云：『申公归鲁，退居家教，终生不出门。复谢宾客……弟子自远方至受业者千余人。』又云：『辕固生，齐人也。以治诗，孝景时为博士……诸齐以诗显贵，皆固之弟子也。』又云：『胡毋生治公羊春秋，为景帝博士……年老，归教于齐，齐之言春秋者，宗事之。』又汉书董仲舒传云：『少治春秋，孝景时为博士。下帷讲诵，弟子传以久次相授业，或莫见其面。盖三年不窥园，其精如此。进退容止，非礼不行，学士皆师尊之。』由此可知，当时私家讲学已盛。汉书邹阳传云：『邹鲁守经学，齐楚多辩知，韩魏时有奇节，吾将历问之。』当时邹鲁之地，实已恢复其儒学中心之地位。其时不仅私家讲学复盛，诸侯亦复提倡。或尊养儒生，或搜集典籍，或招文学之士。汉书 楚元王传云：

『楚元王交好书，多材艺。少时尝与鲁穆生、白生、申公俱受诗于浮丘伯。伯者，孙卿门人也。及秦焚书，各别去。……汉六年，既废楚王信，分其地为二国，立贾为荆王，交为楚王……元王既至楚，以穆生、白生、申公为中大夫。』

又汉书 河间献王传云：

『河间献王德，以孝景前二年立。修学好古，实事求是。从民得善书，必为好写与之，留其真，加金帛赐以招之。繇是四方道术之人不远千里，或有先祖旧书，多奉以奏献王者。故得书多，与汉朝等。是时，淮南王安亦好书，所招致率多浮辩。献王所得书皆古文先秦旧书，周官 尚书 礼 礼记 孟子 老子之属，皆经传说记，七十子之徒所论。其学举六艺，立毛诗 左氏春秋博士，修礼乐，被服儒术，造次必于儒者。山东诸儒多从而游。武帝时，献王来朝，献雅乐，对三雍宫及诏策所问三十余事。其对推道术而言，得事之中，文约指明。』

是皆诸侯之提倡儒学者也。其他如吴王濞、梁孝王武、淮南王安，皆招致游士，此辈游士，固非皆为儒者，然其中通经术者，总必不乏人。诸侯之招致游士，其助于儒学之发达，可以想见。文景以后，儒学即已兴盛，则武帝之尊儒术，实趋势之所必然。

儒学即盛，儒家礼乐教化之说因之兴起。礼乐教化之说，汉初以来，即有人倡导。如高祖

时陆贾称述诗　书，兴文教。

汉书陆贾传云：

『贾时时前说称诗　书。高帝骂之曰：乃公居马上得之，安事诗　书？贾曰：「居马上得之，宁可以马上治乎？且汤武逆取而以顺守之，文武并用，长久之术也。」』

文帝时，贾谊倡导改制度，兴礼乐，移风易俗。

汉书贾谊传云：『谊以为汉兴二十余年，天下和洽，宜当改正朔，易服色制度，定官名，兴礼乐。』

又汉书礼乐志：

『至文帝时，贾谊以为汉承秦之败俗，废礼乐，捐廉耻，今其甚者杀父兄，盗者取庙器，而大臣特以簿书不报期会为故。至于风俗流溢，恬而不怪，以为是适然耳。夫移风易俗，使天下回心而向道，类非俗吏之所能为也。夫立君臣，等上下，使纲纪有序，六亲和睦，此非天之所为，人之所设也。人之所设，不为不立，不修则坏。汉兴至今二十余年，宜定制度，兴礼乐，然后诸侯轨道，百姓素朴，狱讼衰息。乃草具其仪，天子说焉。而大臣绛、灌之属害之，故其议遂寝。』

贾谊等之主张当时未之施行，固由于文景好刑名之言及大臣绛、灌之属反对，而当时政治情状，未至于能兴礼乐之境地，是属主要之原因。盖自汉初以至文景之世，最重要之问题为如何稳定汉之政权。汉自高祖以至文景时代，其政治实未十分稳定。高祖时有异姓诸侯王问题，吕后时有吕氏之乱，文景时同姓诸侯王问题又复发生。凡此种种，皆足以威胁汉之政权。而自秦末之乱以后，国家残破，社会未安，偶一扰动，即有酿成大乱之虞。故汉初君臣皆集中精力以解决此种问题。如高祖之灭彭、韩，萧曹之清静无为，以及贾谊、晁错之主分削诸侯，无不对此而发。因其时国家之注意力集中于安定社会，巩固政权，故未遑顾及礼乐教化。而在此时期礼乐教化之力亦不若刑名治国之功效显著，文景以前，儒学之不为朝廷所尊，实即其必然之故。然礼乐教化究为立国所必不可少。所为礼乐教化者，简言之，即是教育。吾人固不能言立国而不需教育也。汉初之风俗，据前引汉书礼乐志贾谊之言观之，实未淳朴。汉书贾谊传言之更详，兹再抄录于下：

商君遗礼义，弃仁恩，并心于进取。行之二岁，秦俗日败。故秦人家富子壮则出分，家贫子壮则出赘。借父耰鉏，虑有德色；母取箕帚，立而谇语。抱哺其子，与公并倨；妇姑不相说，则反唇而相稽。其慈子耆利，不同禽兽者，亡几耳。然并心而赴时，犹曰蹶六国，兼天下。功成求得矣，终不知反廉愧之节，仁义之厚。信并兼之法，遂进取之业，天下大败，众掩寡，智欺愚，勇威怯，壮陵衰，其乱至矣。是以大贤起之，威震海内，德从天下。曩之为秦者，今转而为汉矣。然其遗风余俗，犹尚未改。今世以侈靡相竞，而上亡制度。弃礼谊，捐廉耻，日甚，可谓月异而岁不同矣。逐利不耳，虑非顾行也，今其甚者杀父兄矣。盗者剟寝户之帘，搴两庙之器。白昼大都之中，剽吏而夺之金。矫伪者出几十万石粟，赋六百余万钱，乘传而行郡国，其亡行义之尤至者也。而大臣特以簿书不报，期会之间，以为大故。至于俗流失，世坏败，因恬而不知怪，虑不动于耳目，以为是适然耳。夫移风易俗，使天下回心而向道，类非俗吏之所能为也。俗吏之所务，在于刀笔筐箧，而不知大体。陛下又不自忧，窃为陛下惜之。夫立君臣，等上下，使父子有礼，六亲有纪，此非天之所为，人之所设也。夫人之所设，不为不立，不植则僵，不修则坏。管子曰：『礼义廉耻，是谓四维；四维不张，国乃灭亡。』使管子愚人也，则可，管子而少知治体，则是岂可不为寒心哉。秦灭四维而不张，故君臣乖乱，六亲殃戮，奸人并起，万民离叛，凡十三岁，而社稷为虚。今四维犹未备也，故奸人几幸，而众心疑惑。岂如今定经制，令君君臣臣，上下有差，父子六亲各得其宜，奸人亡所几幸，而群臣众信，是不疑惑。此业一定，世世常安，而后有所持循矣。若夫经制不定，是犹度江河亡维楫，中流而遇风波，船必覆矣。可为长太息者此也。

汉初民俗，大体犹有战国之余风，如游侠养士，汉初犹甚风行。汉朝行无为之治，与民休息。文景之世，人民安乐，风俗虽渐改变，旧俗犹未尽革。武帝时，汉之政权既已巩固，社会又已安定，其兴创教育以改革社会，乃属切需。

二　罢黜百家独尊儒术之经过

（一）窦婴、田蚡、赵绾、王臧之倡儒学

所谓罢黜百家独尊儒术者，一方面在政治上罢治百家言而不用，而多引用儒学之士；一方面在教育上独以六艺为教。此事之始倡者为窦婴、田蚡。武帝建元元年十月，诏丞相、御史与将军、列侯、中二石及内郡国举贤良方正、直言极谏之士。丞相卫绾奏所举贤良，或治申、商、韩、苏秦、张仪之言，乱国政，请皆罢。是为尊儒罢百家之始。

按武帝即位，年十六。建元元年，武帝十七岁。武帝虽受学于王臧，然是时年幼，似尚不能知黜治申商韩苏张之言者。奏罢治申商韩苏张之言者为相卫绾。绾虽为敦厚长者，然实为不学无术之武夫，其见识似不能及此。汉书卫绾传谓绾：『自初官以至相，终无可言。』更可知罢治百家言者非绾意。吾人以为此亦出于王臧、田蚡等。史记儒林列传云：『及今上即位，赵绾、王臧之属明儒学，而上亦向之，于是招方正贤良文学之士。』据此，武帝建元元年之诏举贤良方正，实由于王臧等之主张。又史记儒林列传云：『兰陵王臧既受诗，以事孝景帝，为太子少傅，免去。今上初即位，臧乃上书宿卫，上累迁，一岁中为郎中令。及代赵绾，亦尝受诗申公。绾为御史大夫。』据汉书百官公卿表，王臧之为郎中令在建元元年六月，其初上书宿卫，在为郎中令前一岁，则在孝景后三年。此正武帝即位之初，诏举贤良方正出于王臧之主张，由此

亦可证明。又汉书田蚡传云：『孝景帝崩，武帝初即位，蚡以舅封为武安侯，弟胜为周阳侯。蚡新用事，卑下宾客，进名士家居者贵之。上所填抚，多蚡宾客计策。』由此又可知，武帝即位之初，蚡尚未为太尉以前，蚡即贵宠用事。蚡既好儒，而时，『上所填抚，多蚡宾客计策』。则罢治申商韩苏张之言者，其计出于蚡，亦实至可能。说者或谓武帝罢百家尊儒术，行于董仲舒、公孙弘，杨□谓罢治申商韩苏张之言者，果竟出于卫绾，而谓其功在萧曹之上，盖未考究史□之记事也。

建元元年六月，窦婴为丞相，田蚡为太尉，二人俱好儒，可推毂赵绾为御史大夫，王臧为郎中令。议立明堂，迎鲁申公，欲隆儒术。然是时，窦太后好黄老言。婴、蚡推隆儒术，贬抑道家，是以太后不说。明年，赵绾等请毋奏事东宫，窦太后大怒，下赵绾、王臧狱，免丞相婴、太尉蚡。绾、臧皆自杀。婴、蚡之推崇儒术，仅数月而败。

（二）五经博士之设置

博士，春秋时即有之。如公休仪为鲁博士。此种博士之职掌，据汉书百官公卿表云：『掌通古今。』实则博士官一方面掌通古今，备顾问；一方面亦掌教授。汉书贾山传云：『（山）祖父祛，故魏王时博士弟子也。』魏博士有弟子，可知博士初实掌教授。秦焚诗书，博士似不复教授。然叔孙通为秦博士而有弟子百余人，则秦博士实仍能教授弟子。秦焚诗书，博士官所职者不毁，而博士又能传授，则秦所焚者民间之藏书，所禁者私家之讲学耳。汉武帝以前，博士亦即教授。刘歆移让太常博士书云：『至孝惠之世，乃除挟书之律，然公卿大臣绛、灌之属，咸介胄武夫，莫以为意。至孝文皇帝，始使掌故朝错，从伏生受尚书。尚书初出屋壁，朽折散绝，今其书见在，时师传读而已。诗始萌芽。天下众书，往往颇出，皆诸子传说，犹广立于学官，为置博士。』

文帝时，诸子传说，立于学官，为置博士，则文帝时，博士教授也。又汉书文翁传云：『景帝末，为蜀郡守。仁爱好教化。见蜀地辟陋，有蛮夷风，文翁欲诱进之，乃选郡县小吏开敏有材者张叔等十余人，亲自饬厉，遣诣京师，受业博士，或学律令。减省少府用度，买刀布蜀物，赍计吏以遗博士。』

文翁遣蜀郡县小吏诣京师，受业博士，则博士教授学问，盖可明了。惟文景以前有博士者，非必儒生，所授者非必儒学耳。

秦有占梦博士，汉书艺文志名家有黄公四篇，注云名疵，为秦博士。刘歆移让太常博士书云：『文帝时，诸子传说皆立于学官，为置博士。』汉书儒林传云：『景帝时有博士黄生与辕固生争论于上前，谓汤武为篡杀而非革命，黄生必非儒。』由此可知，秦及汉初，博士非必儒者方能充任，博士所授，亦非必儒学。

武帝建元五年，初置五经博士。武帝以前，博士既能以教授，而博士之中，又不乏儒术之士，则儒生之为博士者，当然以儒学为教，武帝何故又特设五经博士？此种五经博士设置之意，初究竟如何，学者鲜有言者。吾人以为可能之解释为前此之博士非尽属儒生，而儒生之为博士者，又未必五经具备。武帝之置五经博士，即令五经具有博士，易言之，即令儒家之五经皆有博士为之传授。自建元二年窦太后下赵绾、王臧于狱，免丞相窦婴及太尉田蚡以后，推崇儒术之事，已受一大打击。建元五年，窦太后犹尚存在，彼必仍反对儒学，何以此时尚能设置五经博士？欲知此事之真相，似须推究窦太后下赵绾、王臧及免窦婴、田蚡之原因。吾人以为窦太后固好黄老，不喜儒术，然其对于提倡儒学，初并非坚决反对，最初田蚡等倡立明堂，迎申公，诏举贤良，推崇儒学，而窦太后不加阻止，可以知之。窦太后所以怒黜赵绾、王臧，免窦婴、田蚡，乃因彼等主无奏事东宫之故。另言之，窦太后之不满赵绾、王臧、田蚡等，实非由于学术的冲突，而为政权之争执。窦太后既非绝对反对儒术，则建元五年之置五经博士，彼不阻止，可以知其故矣。至于五经博士之设置，由于何人之主张，吾人以为除武帝本人外，似尚有田蚡之意见于其间。按史记武安侯列传云：

『武安侯虽不任职，以王太后故，亲幸。数言事，多效。天下吏士趋势利者，皆去魏其归武安。武安日益横。』

由此可知，田蚡虽已免太尉，而其势仍盛，且为武帝所亲信。彼既言事多效，则其于国家事必多参加意见。五经博士之设置，其由田蚡之主张，似属可能。

（三）百家之罢黜

自窦婴、田蚡、赵绾、王臧辈之推隆儒术以后，儒学诚日兴盛，然百家之言，尚未罢黜。百家之罢，发之于董仲舒。仲舒对策请『诸不在六艺之科，孔子之术者，皆绝其道，勿使并进』。于是罢百家之言。董仲舒对策，汉书武帝纪系于元光元年。通鉴系于建元元年，而谓卫绾奏罢贤良之治申商韩苏张之言者为罢百家。后之学者多从之。董仲舒对策之言，对于武帝时之尊儒术罢百家，实属相当重要，其对策之年，必须考明。然后此事之真相始可得见。汉书武帝纪补注云：

『沈钦韩曰：通鉴考异云，仲舒传仲舒对策，推明孔氏，抑黜百家，立学校之官，州县举茂才孝廉，皆自仲舒发之。今举孝廉，在元光元年十一月，若对策在下五月，不得云自仲舒发之。盖纪误也。然仲舒对策，不知果在何时，惟建元元年见于纪，故著之。洪迈容斋随笔云：案策中云，朕亲耕籍，劝孝悌，崇有德，使者冠盖相望。对策曰，阴阳错缪，氛气充塞，群生寡遂，黎民未济，必非即位之始年也。愚案本传，仲舒于孝景时为博士，武帝即位，举贤良文学，则仲舒对策，实在建元元年，无可疑者。又建元六年，辽东高庙灾，高园便殿火，五行志仲舒对曰云云。本传在废为中大夫时，居家推说其意，是贤良对策不得反在元光元年也。又案公孙弘传，武帝初即位，弘年六十，以贤良征。严助传，武帝善助对，擢为中大夫。则三人皆同岁举也。弘后为博士，免归，元光元年复征贤良，俱非元光元年事。』

此谓董仲舒对策在建元元年之论据也。吾人以为董仲舒对策实在元光元年，汉书武帝纪实不误。沈钦韩谓仲舒景帝时为博士，武帝即位，举贤良文学，则仲舒对策，必在建元元年。其说仅想当然而已，实无根据。武帝举贤良既非一次，则自不能谓仲舒对策必在建元元年也。又彼云：『建元六年，辽东高庙灾，高园便殿火，五行志仲舒对曰云云。本传在废为中大夫时，居家推说其意，是贤良对策不得反在元光元年也。』此更将年代颠倒。按汉书董仲舒传云：『中废为中大夫。先是辽东高庙、长陵高园殿灾，仲舒居家，推说其意。』既曰先是辽东高庙、长陵高园殿灾，则是二者灾在其废为中大夫以前，文意甚为明白。辽东高庙、高园便殿火在建元六年，仲舒废为中大夫乃在此后。今沈氏反谓在元光元年以前，真不得其解。按仲舒对策云：『今陛下并有天下，海内莫不率服。广览兼听，极群下之知，尽天下之美。至德昭然，施于方外。夜郎、康居，殊方万里，说德归谊。』唐蒙之通夜郎，在建元六年，是仲舒之对策，必在建元六年以后，而不在建元元年也。仲舒对策又云：『今临政而治，七十余岁矣。』汉自高祖元年至建元元年，仅六十七年，固不得云七十余岁也。至元光元年，则凡七十四年，适七十余岁矣。故知仲舒对策必在元光元年也。又汉书礼乐志云：『至武帝即位，进用英隽，议立明堂，制礼服以兴太平。会窦太后好黄老言，不说儒术，其事又废。后董仲舒对策。』云云，是亦以仲舒对策不在建元元年，而在其后。纪、志实相符合。

沈钦韩又以严助、公孙弘与董仲舒同在建元元年对策者，其说亦非确。严助之对策，实在建元元年。汉书严助传谓助对策后，为中大夫。建元三年助即以中大夫救东瓯。可知助对策在建元元年，必无疑问。公孙弘之举，前后凡两次。第一次亦在建元元年。然不久以使匈奴不合上意，免归。汉书武帝纪元光元年所谓『董仲舒、公孙弘出焉』，当指其第二次被举而言。史记公孙弘列传 汉书公孙弘传皆载弘二次被征时之策文，与汉书武帝纪元光元年所载之策文，几全相同，可见即属一事。公孙弘二次被征，汉书武帝纪谓在元光元年，然史记公孙弘列传 汉书公孙弘传皆谓在元光五年。汉书武帝纪元光五年，惟有『征吏民有明当时之务，习先圣之术者』，而无诏举贤良文学事，故鲜有谓公孙弘二次被举在元光五年者。然弘之对策，实以本传在元光五年为当。汉书公孙弘传云：

『策奏，天子擢弘对为第一。召见，容貌甚丽。拜为博士，待诏金马门。弘复上疏……上异其言。时方通西南夷，巴蜀苦之，诏使弘视焉。还奏事，盛毁西南夷无所用。上不听。每朝会议，开陈其端，使人主自择，不肯面折庭争。于是上察其行谨厚，辩论有余，习文法吏事，缘饰以儒术，上说之，一岁中至左内史。』

据此，公孙弘对策后，即奉使往视通西南夷道，对策后一岁中为左内史。汉书司马相如传云：

『唐蒙已略通夜郎，因通西南夷道，发巴蜀、广汉卒作者数万人治道。二岁道不成，士卒多物故，费以亿万计，蜀民及汉用事者多言不便。』

又汉书西南夷传：

『当是时，巴蜀四郡通西南夷道，转载相饷。数岁道不通。士罢饿馁，离暑湿，死者甚众，西南夷又数反，发兵与击，耗费无功，上患之，使公孙弘往视问焉。』

自唐蒙通夜郎以后，通西南夷道，后因道不通，乃使公孙弘往视，是公孙弘奉使视西南夷道，实在唐蒙通夜郎后数年。唐蒙之通夜郎在建元六年。汉通西南夷道，始于何年，史无明文记载。惟汉书武帝纪载，元光五年『夏，发巴蜀治南夷道』。然未必即始于是年也。按司马相如难蜀父老书云：

『汉兴七十有八载，德茂存乎六世，威武纷纭，湛恩汪涉，群生沾濡，洋溢乎方外。于是乃命使西征，随流而攘。风之所被，罔不披靡。因朝冉从駹，定筰存邛，略斯榆，举苞蒲，结轨还辕，东乡将报。至于蜀都，耆老大人搢绅先生之徒，二十有七人，俨然造焉。辞毕，进曰，盖闻天子之于夷狄也，其义羁縻勿绝而已。今罢三郡之士，通夜郎之途，三年于兹，而功不竟。……』

自高祖元年，下数七十八载，为元光六年。是书之作，当在是年。下文云：『今罢三郡之士，通夜郎之途，三年于兹。』自元光六年上溯三年，则元光四年。汉始通西南夷道，必在是年。若『三年于兹』之三年意为三整年，则汉治西南夷道，最早不得过元光三年。公孙弘之使视西南夷道，必在元光三年以后，甚为明白。汉书司马相如传谓通西南夷道，二岁道不成，蜀民及汉用事者多言不便。汉使公孙弘往视，当即在是时。元光三年或四年后二年，正元光五年或六年。公孙弘于其对策后即使视西南夷道，可知弘之对策，实如本传所云在元光五年也。又弘于对策后一岁中为左内史。据汉书百官公卿表，弘为左内史在元光六年，则前一年元光五年为其对策之年，盖可明了。

董仲舒对策已明在元光元年，仲舒对策『请诸不在六艺之科，孔子之术者，皆绝其道，勿使并进』，是此时百家尚未罢黜。建元元年卫绾之奏罢贤良之治申、商、韩、苏秦、张仪之言者，非所谓罢黜百家，亦可知矣。吾人所谓罢黜百家，乃指田蚡为相之罢黄老、刑名、百家之言。汉书儒林传云：

『窦太后崩，武安君田蚡为丞相，黜黄老、刑名、百家之言，延文学儒者以百数。』

由此可知武安侯推崇儒学抑黜百家之力。田蚡之为丞相，自建元六年六月至元光四年三月。董仲舒对策，适当田蚡为相之时。汉书董仲舒传云：『及仲舒对策，推明孔氏，抑黜百家，立学校之官，州郡举茂才孝廉，皆自仲舒发之。』田蚡本好儒，或得董氏之言，行之益力也。

（四）博士弟子之设置

自田蚡罢百家，引用儒学之士以后，朝廷崇儒之气渐盛，可以想见。是时武帝好文学儒术，左右侍臣，已有不少文章儒学之士。如严助、朱买臣、司马相如、吾丘寿王、主父偃、东方朔等，皆于元光元朔之际，即侍帝左右。朝廷及帝左右，文学儒士既渐增加，其于儒学之提倡益甚，又可推知。元朔五年，置博士弟子员五十人。

据汉书武帝纪，置博士弟子员在元朔五年。然史记儒林列传，公孙弘奏请置博士弟子云：『谨与太常臧、博士平等议曰』云云，臧为孔臧。据汉书百官公卿表，孔臧于元朔二年为太常，三年免。似臧免太常在元朔四年。若臧于元朔四年已免，则博士弟子员之置，似不能在五年。唯此处所谓三年者或意谓三整年。又史记高祖功臣侯者年表及汉书高惠高后文功臣表皆谓臧于元朔三年免官。若此，则博士弟子之置，似又在元朔三年以前。汉书儒林传云：『（公孙）弘为学官，悼道之郁滞，乃请曰：丞相、御史言』云云，亦似其时弘尚未为丞相者。据此，博士弟子之置，亦非在元朔五年弘为丞相以后。

史记儒林列传云：

『公孙弘为学官，悼道之郁滞，乃请曰：「丞相、御史言，制曰，盖闻导民以礼，风之以乐。婚姻者，居室之大伦也。今礼废乐崩，朕甚愍焉。故详延天下方正博闻之士，咸登诸朝。其令礼官劝学，讲议洽闻，与礼以为天下先太常议与博士弟子，崇乡里之化，以广贤才焉。谨与太常臧、博士平等议曰，闻三代之道，乡里有教，夏曰校，殷曰序，周曰庠。其劝善也，显之朝廷；其惩恶也，加之刑罚。故教化之行也，建首善自京师始，由内及外。今陛下昭至德，开大明，配天地，本人伦，劝学修礼，崇化厉贤，以风四方，太平之原也。古者政教未洽，不备其理。请因旧官而兴焉。为博士官置弟子五十人，复其身。太常择民年十八以上，仪状端正者，补博士弟子。郡国县道邑，有好文学，敬长上，肃政教，顺乡里，出入不悖所闻者，令相长丞上属所二千石。二千石谨察可者，当与计偕，诣太常，得受业如弟子。一岁皆辄试。能通一艺以上，补文学掌故缺。其高第可以为郎中者，太常籍奏。即有秀才异等，辄以名闻，其不事学，若下材及不能通一艺，辄罢之。而请诸不称者罚。臣谨案诏书律令下者，明天人分际，通古今之义，文章尔雅训辞深厚，恩施甚美，小吏浅闻，不能究宣，无以明布谕。治礼次治掌故，以文学礼义为官，迁留滞。请选择其秩比二百石以上及吏百石，通一艺以上，补左右内史、大行卒史。比百石以下，补郡太守卒史。皆各二人，边郡一人。先用诵多者，若不足，则择掌故补中二千石属，文学掌故补郡属，备员，请著功令，佗如律令」。制曰：「可」。自此以来，则公卿大夫士吏，斌斌多文学之士矣。』

博士弟子既置，复诱以利禄，士皆竞于儒术矣。汉班固论曰：

『自武帝立五经博士，开弟子员，设科射策，劝以官禄，讫于元始，百有余年，传业者寝盛，支叶蕃滋，一经说至百余万言，大师众至千余人，盖禄利之路然也。』

武帝之后，儒学之盛，由此可见矣。

张骞通西域考

张骞通西域是我国历史上一件重要的事。在世界历史上也是件重要的事，欧洲历史学者曾有人把它比之于哥伦布发现新大陆。这件事对后来的重大影响是很明显的。自从张骞打通中国与中亚中间的道路以后，两方面的交通日益发达，不仅在政治上和经济上中国与中亚各国发生关系，文化也互相交流。这对我国后来文化的发展有着重要的作用。

对于这一事件，历史学者研究者很多，这里我只就其中的几个问题说一说自己的看法。

一　张骞使大月氏

秦汉之际，匈奴强大起来，不断侵扰汉的北边。汉高祖刘邦采取和亲政策，以宗室女翁主为匈奴单于的阏氏，并每年给予缯絮米蘖等物。但匈奴仍旧侵盗不已。汉初以来，匈奴一直是汉安全的威胁。汉武帝刘彻即位以后，有匈奴降者说，匈奴败大月氏，杀大月氏王，以其头为饮器，月氏逃遁，希望与其他的国家合击匈奴。当时汉武帝正欲击匈奴，听到匈奴降者的话，便欲和月氏联合。于是募人使大月氏。张骞应募前往。

（一）大月氏民族及其故地

大月氏是什么民族很难确定。过去，学者有几种意见。一说是羌族。此说的根据是后汉书西羌传说湟中月氏胡，其先为大月氏之别，『被服、饮食、言语略与羌同』。魏略西戎传说：『敦煌西域南山中从婼羌西至葱岭数千里，有月氏余种葱茈羌、白马羌、黄牛羌。』魏书西域传说小月氏『被服颇与羌同』。一说大月氏是氐族。此说是根据魏略西戎传月氏作月氐。一说大月氏是突厥族。此说是根据印度考古发掘所得古代货币上所铸的大月氏王肖像，面容多是隆鼻高额，鼻梁勾曲，多须髯。这种面状是突厥人的相貌①。此外万震南州志又说大月氏『其人赤白色②』。大月氏似又是雅利安人。

这些说法，证据都不充分。氐族说很明显是不正确的。魏晋以后，佛教僧侣从大月氏来中国者莫不冠以支字，其人民来者也以支为姓氏。可知月氏必不能作月氐。氐字乃是传写之误。万震说大月氏『其人赤白色』，乃是指当地土著而言，大夏人原为白种人。由东方西迁的大月氏民族不能据此推定。按北史西域传云：『康国者，康居之后也……自汉以来，相承不绝。其王本姓温，月氏人也。旧居祁连山北昭武城。因被匈奴所破，西逾葱岭，遂有国，枝庶各分王。故康国左右诸国并以昭武为姓。……人皆深目高鼻多髯。』这正是突厥的状况。大月氏是突厥族可能近乎事实。

大月氏的故地，史记大宛列传云：

①参看白鸟库吉：西域史的新研究。

②史记大宛列传正义引。

『始月氏居敦煌祁连间。』

史记这句话很简略，后世学者对这句话有不同的解释，因之对大月氏故地是什么地方，意见也就不同。史记 大宛列传 正义：

『初月氏居敦煌以东，祁连山以西。敦煌郡今沙州，祁连山在甘州西南。』

汉书 张骞传：

『(乌孙)昆莫父难兜靡本与大月氏俱在祁连敦煌间，小国也。』

师古云：

『祁连以东，敦煌以西。』

颜师古和张守节对于大月氏故地的解释不同，因之近代学者也有两种不同的意见。一从张守节之说，一从颜师古之说①。他们的意见所以有分歧，主要的是由于对祁连山的解释不同。张守节认为祁连山是酒泉张掖郡南的祁连山，即现在甘肃和青海界上的祁连山。颜师古则认为祁连山是西域的天山。汉书 霍去病传，霍去病击匈奴，『去病出北地，遂深入……去病至祁连山。』颜师古注云：

『祁连山即天山也。匈奴呼天为祁连。』

又汉书 武帝纪，天汉二年，贰师将军李广利与匈奴右贤王战于天山。颜师古注云：

①参看白鸟库吉：西域史的新研究；桑原骘藏：张骞西征考；藤田丰八：月氏故地与其西移年代。

『即祁连山也，匈奴谓天为祁连。』

颜师古以祁连山为现在新疆境内的天山，他自然以大月氏故地在祁连山以东、敦煌以西。颜师古的解释实是不正确的。汉武帝元狩三年，霍去病出北地击匈奴。汉书 武帝纪云：

『元狩三年夏，将军霍去病、公孙敖出北地二千余里，过居延，斩首虏三万余级。』

史记 匈奴列传云：

『其夏，骠骑将军复与合骑侯数万骑出陇西、北地二千里击匈奴。过居延，攻祁连山。』

可知这次进攻匈奴，兵锋所及，是去北地二千余里的地方。换句话说，他们进攻的祁连山当在距北地二千余里处。汉武帝天汉二年，李广利与匈奴右贤王战于天山。汉书 武帝纪师古注引晋灼云：

『（天山）在西域，近蒲类国，去长安八千余里。』

汉书 西域传云：

『蒲类国王治天山西疏榆谷，去长安八千三百六十里。』

霍去病所攻的祁连山去北地郡二千余里，李广利与匈奴右贤王交战的天山去长安八千余里，二者不是一山，是很明显的。颜师古把二者混而为一，显然是错误的。史记 匈奴列传 索隐引西河旧事云：『祁连山在张掖、酒泉二界上，东西二百余里。（南）北百里。』[1]祁连山实在张

①又见太平御览卷五十引段龟龙凉州记。

掖、酒泉界上，即现在的祁连山。

大月氏居敦煌祁连之间，必在敦煌以东，祁连山以西。

唐、五代的学者又以汉代武威、张掖、酒泉、敦煌四郡原都是大月氏之地。史记匈奴列传正义引括地志云：

『凉、甘、肃、延、沙等州本月氏国。』①

史记大宛列传：

『始月氏居敦煌祁连间。』

正义云：

『按：在凉、甘、肃、瓜、沙等州。』汉书云：『本居敦煌祁连间也。』

旧唐书地理志凉州姑臧：

『姑臧，汉县，属武威郡。郡所理，秦月氏戎所处。』

甘州张掖：

『故匈奴昆邪王地属，汉武间，置张掖郡。』

肃州酒泉：

『汉福禄县，属酒泉郡。……此月氏地，为匈奴所灭，匈奴令休屠昆邪守之。』

①参看藤田丰八：月氏故地与其西移年代。

沙州敦煌：

『敦煌，汉郡县名，月氏戎之地。秦汉之际来属。』

旧唐书没有说张掖是月氏之地。张掖在武威和酒泉之间，武威和酒泉都是月氏之地，其间的张掖自也必为其所有。近代学者也多同意武威、张掖、酒泉、敦煌之地原都为月氏所有。我疑在汉初以前，当大月氏盛时，不特武威、张掖、酒泉、敦煌之地为其所有，其东境可能还有一部分及于黄河东岸。

史记匈奴列传述匈奴头曼单于时的形势云：『当是之时，东胡强而月氏盛。』据此，当时大月氏应是个相当强大的国家，它的疆域必与匈奴相邻接。头曼单于时代，匈奴才兴起不久，还不强大，它活动的地区主要是秦赵的北阴山山脉一带，没有达到张掖、酒泉之地。如此时大月氏居地是在敦煌、祁连间，则疆域不大，不能称盛，也不能与匈奴邻接。这只有它的疆界东达武威乃至更东的地方，才能如此。

汉书地理志安定郡有月氏道。安定郡为什么有月氏道呢？清钱坫说是以月氏降人置[1]。秦汉时，于原『蛮夷』居地置道。但『蛮夷』来降者是否为之置道，却不无可疑。汉书地理志所载的道，有可知是哪种『蛮夷』居地者。

陇西郡狄道，师古云：『其地有狄种，故曰狄道。』

①新斠注地理志。

陇西郡氐道，师古云：『氐，夷种名也，氐之所居，故曰氐道。』

天水郡獂道，应劭云：『獂，戎邑也。』

天水郡绵诸道，史记匈奴列传：『自陇以西有绵诸之戎。』绵诸之戎当原为绵诸戎的居地。

北地郡义渠道，北地郡原为战国时义渠的居地。

由此可知，秦汉时的道确实是就原『蛮夷』的居地设置的。汉书地理志有以降人置的县，如：

张掖郡骊靬县，钱坫云：『以骊靬降人置。』①

天水郡罕开县，师古云：『本破罕开之羌，处以人于此。』

上郡龟兹县，师古云：『龟兹国人来降附者，处之于此，故以名之。』

骊靬、罕开、龟兹都是来降附的『蛮夷』迁于汉境内者，汉不为置道，而为置县，可知秦汉实不为降人置道。秦汉时之道既仅就原『蛮夷』的居地设置，则安定郡的月氏道也一定原为月人的居地。由此推测，则月氏的领土最早当曾达到汉代的安定郡郡内。

大月氏原居武威、张掖、酒泉、敦煌四郡之地，史记说它『居敦煌祁连间』。盖是指其东部武威为匈奴夺取之后，西徙大夏之前的情况。

然则大月氏武威之地何时为匈奴所夺取呢？我疑匈奴冒顿单于第一次攻击大月氏时即

①新斠注地理志。

为其所侵占。

史记匈奴列传：

『东胡初轻冒顿，不为备。及冒顿以兵至，击，大破灭东胡，而虏其民人及畜产。既归，西击走月氏，南并楼烦、白羊河南王，侵燕代。悉复收秦所使蒙恬所夺匈奴地者，与汉关故河南塞，至朝那、肤施，遂侵燕代。是时，汉兵与项羽相距，中国罢于兵革，以故冒顿得自强。』

这是记载中匈奴第一次击大月氏，这在哪一年，史记没有明文。很明显，这当是在冒顿单于在位，汉楚对峙的时候。冒顿单于即位，徐广谓在秦二世元年①。汉楚对峙是从汉高祖元年到五年。冒顿击大月氏当即在这几年之间。这次冒顿击大月氏，既曰『击走』，大月氏当为它所驱逐。汉书韦玄成传云：

『及汉兴，冒顿始强，破东胡，禽月氏，并其土地。』

冒顿『禽月氏，并其土地』，大月氏的土地必有一部分为其所占领。

史记匈奴列传述冒顿单于击走大月氏后匈奴东西方的疆域形势云：

『诸左方王将居东方，直上谷，以往者东接秽貉、朝鲜；右方王将居西方，直上郡，以西接月氏、氐羌。』

汉书匈奴传云：

①史记匈奴列传集解引。

『诸左方王将居东方，直上谷，以东接秽貉、朝鲜。右方王将居西方，直上郡，以西接氐羌。』

汉书删去『月氏』二字。汉书为什么要改史记呢？班固的意思必以为此时武威之地已属匈奴。因如武威仍属大月氏，则匈奴与氐羌之间有大月氏相隔，不能与氐羌相接。只有武威之地已属匈奴，匈奴才能与氐羌接壤。这也可以证明冒顿第一次击大月氏就占有武威之地。不过我以为史记之文也可不需要删改。此时武威之地虽已为匈奴所占领，但张掖、酒泉乃为大月氏的领土。匈奴仍与大月氏接界。班固删去『月氏』二字，可能是误解史记的文意，或者他认为有『月氏』二字会使人误解，此时大月氏仍有武威之地。

史记匈奴列传：

『其三年（汉文帝三年）五月，匈奴右贤王入居河南地，侵盗上郡葆塞蛮夷，杀略人民。于是孝文帝诏丞相灌婴发车骑八万五千，诣高奴，击右贤王。右贤王走出塞。……其明年，单于遗汉书曰：天所立匈奴大单于敬问皇帝无恙。前时皇帝言和亲事，称书意，合欢。汉边吏侵侮右贤王，右贤王不请，听后义卢侯、难氏等计，与汉吏相距，绝二主之约，离兄弟之亲。皇帝让书再至，发使以书报，不来，汉使不至，汉以其故不和，邻国不附。今以小吏之败约故，罚右贤王，使之西求月氏击之。以天之福，吏卒良，马强力，以夷灭月氏，尽斩杀降下之。定楼兰、乌孙、呼揭及其旁二十六国，皆以为匈奴。』

学者或根据这段记载，认为汉文帝二年至四年，大月氏仍保有武威地方。因为此时匈奴右贤王入居河南，冒顿罚他西击大月氏。由河南向西，正是武威[1]。这实是错误的。这段记载不但不能证明此时大月氏仍保有武威之地，反足以证明此时大月氏已离去武威，而以酒泉、敦煌为其重心所在。按匈奴右贤王入居河南是在汉文帝三年五月。及汉文帝命丞相灌婴击右贤王，右贤王即退回塞外。而冒顿单于罚右贤王西击大月氏，则更在此后。右贤王西击大月氏时，他已不在河南，而在塞外。右贤王西击大月氏，不能以河南为标准推测其方向，而应以右贤王住地为标准。换句话说，这时大月氏不在河南之西，而应在右贤王王庭之西。右贤王王庭何在，史无记载。史记匈奴列传记汉武帝元朔五年卫青击右贤王云：出高阙，『出塞六七百里。夜围右贤王。右贤王大惊，脱身逃走』。高阙是在今鄂尔多斯黄河西北，卫青出此六七百里，则右贤王庭当即在此西北六七百里之处。大月氏又在右贤王庭之西，则必在张掖、酒泉、敦煌一带。还有，这次右贤王进攻大月氏，同时又定楼兰、乌孙、呼揭及其旁二十六国，则大月氏必和这些国家相近。这也可以推知此时大月氏当在张掖、酒泉、敦煌之地。

再从秦汉与匈奴的战争看。秦及汉初，匈奴侵扰边境，多在北边的代郡、云中及河南，即今山西北边及鄂尔多斯一带，西边未见遭受匈奴的侵犯。这就因为匈奴当时的势力还没有达到武威。汉西边受匈奴侵扰，在记载上始于吕后时。汉书吕后纪：『六年六月，匈奴寇狄道，攻

①参看藤田丰八：月氏故地与其西移年代。

阿阳。』又云：『七年冬十二月，匈奴寇狄道，略二千余人。』狄道属陇西郡，阿阳属天水郡。天水郡是汉武帝元鼎三年分陇西置[1]。吕后时属陇西。陇西郡西北与武威相接。吕后时武威必已属匈奴，否则匈奴之兵不能到达狄道及阿阳。匈奴之占有武威必在吕后之前，不能下逮文帝时。

总体来看，大月氏的故地，秦以前其东边当达到黄河西岸，汉代的武威、张掖、酒泉、敦煌四郡之地皆为其所有，有一部分或犹及于黄河之东。楚汉之际，匈奴冒顿单于崛起，『击走月氏』，大月氏东部，即汉代武威郡及以东之地乃为匈奴所略取。大月氏遂退居敦煌祁连间。汉文帝三、四年间，冒顿单于命右贤王击大月氏，大月氏更加衰弱。及老上单于破杀月氏王，大月氏乃被迫自敦煌、祁连间西徙。

（二）大月氏西徙之年代

大月氏从敦煌祁连间西徙的年代，学者的意见也很纷歧。确切的年代也确实难定，这里我们只略加推测。

史记大宛列传：

『大月氏……故时强，轻匈奴。及冒顿立，攻破月氏。至匈奴老上单于，杀月氏王，以其头为饮器。始月氏居敦煌祁连间，及为匈奴所败，乃远遁。过宛，西击大夏而臣之，遂都妫水北

①钱大昕：廿二史考异。

为王庭。』

汉书 西域传：

『大月氏……本居敦煌祁连间，至冒顿单于攻破月氏，而老上单于杀月氏，以其头为饮器，月氏乃远去，过大宛，西击大夏而臣之，都妫水北为王庭。』

据此，大月氏自敦煌祁连间西徙是在匈奴老上单于时代。这一点大家都没有异议。但匈奴老上单于在位的年代仍不能确定。从史记 匈奴列传述汉文帝六年汉遗匈奴书后接着说：『后顷之，冒顿死，子稽粥立，号曰老上单于。』老上单于即位大概就在汉文帝六年。但他的死年则不能确知，学者意见也不一致。史记 匈奴列传于汉文帝后元二年遗书老上单于约定和亲之后接着说：

『后四岁，老上稽粥单于死，子军臣立为单于。军臣单于立四岁，匈奴绝和亲，大入上郡、云中各三万骑……后岁余，孝文帝崩。』

汉书 匈奴传云：

『后四年，老上死，子军臣单于立……军臣单于立岁余，匈奴绝和亲，大入上郡、云中各三万骑……后岁余，孝文帝崩。』

又从史记 匈奴列传 集解引徐广说，军臣单于，汉文帝『后元三年立』。

学者对于老上单于的死年，主要的都是根据这些记载来推测。有人根据史记，认为老上单于是死于汉文帝后元六年。有人根据徐广说，认为老上单于是死于汉文帝后元三年①。

这些意见所以不同，原因是由于史记记载有错误。史记说汉文帝后元二年汉遗书匈奴约和亲后四岁老上单于死，军臣单于立。军臣单于立四岁，匈奴绝和亲，大入上郡、云中各三万骑。照这样说，则老上单于死和军臣单于立都在汉文帝后元六年军臣单于立四岁，匈奴大入上郡、云中则在汉景帝二年，明年汉文帝死，则在汉景帝三年。这明显与事实不合。徐广看到史记有误，所以改史记之说，谓军臣单于立于汉文帝后元三年。徐广之说实是推测。史记匈奴列传：『军臣单于立四岁。』集解又引徐广说：『孝文帝后元七年崩，而二年答单于书，其间五年，而此云后四年，又立四岁数不容尔也。』徐广盖以为从汉文帝后元三年到后元七年汉文帝死凡五年，因此他认为军臣单于应是立于汉文帝后元三年。徐广之说只是一种推测，无其他根据。是否一定可信，也难必。

我觉得汉书的记载可能是正确的。汉书的记载畅通无碍，与事实完全符合，前后没有矛盾。『后四年』与史记『后四岁』意思是一样的，是指从汉文帝后元二年遗书匈奴约和亲以后的四年。即汉文帝后元五年。这一年，老上单于死，军臣单于立。军臣单于立岁余，匈奴绝和亲，大入上郡、云中，是汉文帝后元六年。又『岁余』汉文帝崩，是文帝七年。这都与事实相合。史记诚然有错误，但未必全错。这里可能有错误的只有『后四岁』，或军臣单于『立四

①参看藤田丰八：月氏故地与其西移年代。

岁』。从汉书看，『立四岁』是错误的，即『立岁余』之误。这也可能不是史记原来错误，而是传写改误的。

匈奴老上单于在位年代是从汉文帝六年到后元五年。大月氏为匈奴所败，从敦煌祁连间西徙，当在这期间之内。但在这中间的哪一年，仍不能确指。

大月氏为匈奴老上单于所破而西徙。最初是徙居塞王地。后为乌孙所败，又自塞王地西迁大夏。大月氏自塞王地西徙大夏的年代，史书也没有明确的记载。

汉书张骞传：

『臣居匈奴中，闻乌孙王号昆莫。昆莫父难兜靡，本与大月氏俱在祁连敦煌间，小国也。大月氏攻杀难兜靡，夺其地。人民亡走匈奴。子昆莫新生，傅父布就翕侯抱亡。置草中，为求食，还，见狼乳之，又乌衔肉翔其旁，以为神，遂持归。匈奴单于爱养之。及壮，以其父民众与昆莫，使将兵，数有功。时月氏已为匈奴所破，西击塞王，塞王南走远徙，月氏居其地。昆莫既健，自请单于报父怨，遂西攻破大月氏。大月氏复西走，徙大夏地。昆莫略其众，因留居，兵稍强。会单于死，不肯复朝事匈奴。匈奴遣兵击之，不胜，益以为神而远之。』

据此，乌孙击败大月氏，大月氏自塞王地西徙大夏，是在单于死前。乌孙这段历史是张骞在匈奴中听说的。张骞使大月氏是匈奴军臣单于在位的期间。这死去的单于显是老上单于。大月氏自塞王地西徙大夏，当在老上单于死前不久。但从『昆莫略其众，因留居，兵稍强。会单于死』来看，也不是紧在老上单于死前，其间至少还有一两年或两三年的时间。大月氏自塞王地西徙大夏，可能是汉文帝后元二年到四年之间。其从敦煌祁连间西徙，当更在此以前。

（三）大月氏西徙之路线及其王庭

史记大宛列传：

『始月氏居敦煌祁连间。及为匈奴所败，乃遁去，过宛，西击大夏而臣之，遂都妫水北为王庭。』

大月氏西迁大夏，这里只说『过宛』，从什么路线，除大宛外，还经过哪些地方都没有说明。大月氏究竟由哪条路线迁往大夏不明确。汉书张骞传和西域传都说大月氏自敦煌祁连间西徙，曾占领塞王地，后为乌孙所败，又从塞王地迁往大夏。汉书西域传乌孙条云：

『乌孙国本塞地也。大月氏西破走塞王，塞王南越县度。大月氏居其地。后乌孙昆莫击破大月氏，大月氏徙西臣大夏，而乌孙昆莫居之。故乌孙民有塞种大月氏种云。』

塞王地，也即是后来的乌孙国，学者多认为在现在的伊犁河流域，如此说属实，则大月氏是由伊犁河流域迁往大夏的。按照当时的形势，从伊犁河流域迁往妫水（今阿姆河）北，必经由康居。但史书没有经过康居的记载。我们以为以塞王地即以后的乌孙在伊犁河流域，是不正确的。乌孙实在今天山山脉中，西及热海南岸地带。这一点我们后面再说。大月氏从敦煌祁连间西徙，占领塞王地，也就占领这一地区。

汉书西域传罽宾国条：

『昔匈奴破大月氏，大月氏西君大夏，而塞王南君罽宾。塞种分散，往往为数国，自疏勒以西北，休循、捐毒之属，皆故塞种也。』

据此，捐毒和休循原也都是塞王之地。当大月氏破走塞王，塞王南走罽宾，其地也应为大月氏所占。汉书西域传休循条：

『休循国治飞鸟谷，在葱岭西……至捐毒衍敦谷二百六十里，西北至大宛国九百二十里，西至大月氏千六百一十里。』

此处之大月氏即大月氏未迁往大夏前之大夏。休循原与大夏接壤，也即是塞王地与大夏接壤，也即是大月氏未徙居妫水北之前，就与大夏相邻接。按阿姆河支流捷拉夫姆河及克则勒苏河都发源于葱岭，沿这两条河的河谷西徙是很方便的。疑大月氏即由此而迁往妫水之北的。北史西域传说康国王本月氏人，『因被匈奴所破，西逾葱岭，遂有国。』大月氏确由葱岭西迁的，史记说大月氏『过宛，西击大夏而臣之』，乃是说越过大宛到达大宛之西，并不是说经过大宛境内。

史记大宛列传说大月氏『都妫水北为王庭』。张骞使大月氏时，大月氏王庭在什么地方，学者的意见也不一致。有人说在铁门以南阿姆河北岸地区①。有人说在以撒马尔干为中心的粟特地

①参看白鸟库吉：西域史的新研究。

方。有人说在阿姆河与克则勒苏河下游之间的瓦汉地方[1]。这些说法根据如何，是否正确，这里我们不想赘说。只说一说我们自己的一点看法。

先说一说张骞西使时，大月氏的疆域。史记 大宛列传云：

『大月氏在大宛西可二三千里，居妫水北。其南则大夏，西则安息。北则康居。』

很清楚，当时大月氏是在妫水之北。它的疆域四至，『南则大夏，西则安息』。它与大夏、安息的疆界很容易推见。史记 大宛列传：『大夏在大宛西南二千余里妫水南。』大月氏和大夏当以妫水为界。史记 大宛列传：

『安息在大月氏西可数千里……地方数千里，最为大国，临妫水。』

汉书 西域传安息国条：

『其东界木鹿城，号为小安息，去洛阳二万里。』

木鹿城即今麦尔夫。安息东界达到木鹿城，又临妫水，则大月氏与安息当也以妫水为界。

大月氏的疆界难以推定者是其东界与北界。

汉书 西域传：

『休循国治飞鸟谷……西北至大宛九百二十里。』

史记 大宛列传：

---

①参看藤田丰八：月氏故地与其西移年代。

『大宛……西则大月氏，西南则大夏。』

据此，大宛之西方、南方及东南方与大月氏、大夏、休循三国相接。休循之西，大宛之南，其地仍为大夏所有。在这一地区大月氏与大夏的疆界在什么地方，很难确指。

大月氏『北与康居接』。两国国界究在何处，乃学者聚讼不决的问题。这也即是撒马尔干是否属大月氏的问题。若撒马尔干不属于大月氏，则两国可能以铁门为界。反之，则两国的国界当在撒马尔干以北。对于这个问题，我以为张骞使大月氏时，撒马尔干应属大月氏，而不属康居。史记大宛列传：

『康居国在大宛西北可二千里，行国，与大月氏同俗，控弦者八九万人。国小，南羁事月氏，东羁事匈奴。』

康居『东羁事匈奴』，它的东境当与匈奴相接近。汉书西域传云：大宛国『北与康居，南与大月氏接』。又云：乌孙『西北与康居』接。康居的土地达到大宛和乌孙之北及西北。乌孙的西部是在热海南岸地方。热海西岸和北岸地区应都属康居。如果撒马尔干地方又为康居所有，则其疆域很大，不能说它『国小』。同时，康居又『羁事月氏』，则当时大月氏国力应仍不小。如撒马尔干地方不属于大月氏，它的疆域仅限于铁门以南及妫水北岸地区，则国境似不免过小，不是已成为大国，所以我们认为撒马尔干地方应该是为大月氏所有。斯特拉伯地理书云：

『他们（指大夏人）也领有北方偏东妫水和药杀水之间的粟特。妫水是大夏和粟特的疆界。

药杀水是粟特和游牧民族的疆界。』

据此，粟特乃是妫水（今阿姆河）与药杀水（今锡尔河）之间的地方。其地原为大夏所有。大月氏迁来，击服大夏，占有妫水以北之地，而与大夏以妫水为界。则所有妫水与药杀水之间的粟特都为大月氏所占领，甚为明白。在张骞西使时，撒马尔干属于大月氏，似无可疑。大月氏与康居也必以药杀水为界。

史记 大宛列传说大月氏都妫水北为王庭。我们以为其王庭就在撒马尔干。史记 大宛列传说，大月氏『地肥饶，少寇，志安乐』。这自是指其王庭所在的地方而言。在妫水与药杀水之间的地区，其土地肥饶者只有撒马尔干附近之地，其他没有与之相当者。唐玄奘西行时，曾路过这一带地方。大唐西域记记述铁门以南，妫水以北，呾密、赤鄂衍那、忽露摩、愉漫、鞠和衍、镬沙、珂屈罗诸国。无一是可以称得上肥饶的。而其述撒马尔干的情况云：『地沃壤，稼穑备植。林树蓊郁，花果滋茂。』与史记所说『地肥饶』正相合。可知大月氏王庭必在撒马尔干。

还有一个问题。张骞使大月氏时，大月氏是只占有妫水以北地方，还是已征服大夏全土。这也就是自张骞使大月氏时代以后，大月氏的国势有没有变化。对这个问题，学者意见也不一致。有人认为没有变化，有人认为有变化。

史记 大宛列传：

『大月氏在大宛西可二三千里，居妫水北。其南则大夏，西则安息，北则康居。行国也，随畜移徙，与匈奴同俗。控弦者可一二十万。故时强，轻匈奴，及冒顿立，攻破月氏，至匈奴老上单于，杀月氏王，以其头为饮器。始月氏居敦煌祁连间，及为匈奴所败，乃远去，过宛，西击大夏而臣之，遂都妫水北为王庭。』

又：

『大夏在大宛西南二千余里，妫水南。其俗土著，有城屋，与大宛同俗。无大君长，往往城邑置小长。其兵弱，畏战。善贾市。及大月氏西徙，攻败之，皆臣畜大夏。大夏民可百余万。其都曰蓝市城，有市贩贾诸物。』

汉书西域传：

『大月氏国，王治监氏城，去长安万一千六百里。不属都护。户十万，口四十万，胜兵十万人。东至都护治所四千七百四十里，西至安息四十九日行，南与罽宾接。土地风气，物类所有，民俗钱货，与安息同。出一封橐驼。大月氏本行国也，随畜移徙，与匈奴同俗。控弦十余万，故强，轻匈奴。本居敦煌祁连间，至冒顿单于攻破月氏，而老上单于杀月氏，以其头为饮器，月氏乃远去，过大宛，西击大夏而臣之，都妫水北为王庭。其余小众不能去者，保南山羌，号小月氏。大夏本无大君长，城邑往往置小长，民弱畏战，故月氏徙来，皆臣畜之。共禀汉使者，有五翕侯，一曰休密翕侯……二曰双靡翕侯……三曰贵霜翕侯……四曰肸顿翕侯……

五曰离附翕侯……凡五翕侯，皆属大月氏。』

有的学者比较史记和汉书的记载，认为汉书大部分是抄袭史记的，不过将史记关于大月氏和大夏的记载合而为一，文字稍加整理改变而已，除五翕侯外，几乎没有新增的事实。因此，他们认为张骞西使时，大月氏就已征服大夏全境，以后大月氏的情况没有什么变化[①]。

我们认为在张骞西使以后，大月氏国势是有变化的。汉书记述大月氏和大夏事诚多是抄袭史记的，但不能据此便谓史记时代到汉书时代大月氏的形势没有变化。汉书对于西域各国的记述，除了有些国家政治上与汉有交涉者，记述其事实之外，大多都只是平面的叙述而已。即多只记其都邑、四境、山川、道里、风俗、户口、胜兵等情况，很少记载其历史。其所以如此，乃是因为汉书所记的多是根据西域都护的调查和使臣的口述。都护的调查和使臣所目及，自然多只是当时的情况，很少涉及过去的历史。所以，执汉书西域传的记载断定大月氏国势有无变化，根据是不充分的。

汉书和史记的记载实有不同。

（1）史记说大月氏都妫水北为王庭，汉书说大月氏都妫水南为监氏城。监氏市（史记作蓝市城），史记说是大夏的都城。

（2）汉书所述大月氏的疆域四至与史记不同。

①参看白鸟库吉：西域史的新研究。

(3) 史记有大夏国名，并记载其疆界、都城、人口。汉书没有这些记载。

(4) 史记无五翕侯，汉书有。

这些不同的情况，我们以为就是在张骞西使以后，大月氏国势发展的结果。张骞是亲自到过大月氏和大夏者，他的报告应是真实可信的。当时大夏国境和都城犹可确指，人口犹大致可知。大夏犹有土地、人民，似不能不承认其国家依然存在。史记大宛列传大月氏和大夏分开叙述，而张骞又亲由大月氏至大夏。这都足证当时大夏没有完全灭亡。反之，如当时大夏已全为大月氏所征服，大夏和大月氏即是一国，张骞便不能知道其疆界，尤其不能指出大夏与大月氏之间的国界。史记大宛列传说大月氏『西击大夏而臣之』，又云：『及大月氏西徙，攻败之，皆臣畜大夏。』大月氏西徙时，盖只击败大夏，使它臣服，并没有将大夏全部灭掉，当时大月氏实只有妫水北岸地区，妫水南之大夏只是臣服于大月氏。在张骞使大月氏以后，大月氏国势发展，才征服大夏全境。其都城也由妫水北迁至妫水南的监氏城。

（四）张骞使大月氏的年代及其往还的路线

张骞使大月氏，其出发是汉武帝建元三年，归汉是汉武帝元朔三年。

史记 大宛列传：

『骞以郎应募，使月氏，与堂邑氏胡奴甘父俱出陇西。经匈奴，匈奴得之，传诣单于，单于留之……留骞十余岁，与妻，有子，然骞持汉节不失。居匈奴中，益宽，骞因与其属亡乡月氏，西走数十日至大宛。大宛闻汉之饶财，欲通不得，见骞，喜，问曰：「若欲何之？」骞曰：「为汉使月氏，而为匈奴所闭道。今亡，唯王使人导送我。诚得至，反汉，汉之赂遗王财物不可胜言。」大宛以为然，遣骞，为发导绎，抵康居，康居传致大月氏。大月氏王已为胡所杀，立其太子为王。既臣大夏而居，地肥饶，少寇，志安乐，又自以远汉，殊无报胡之心。骞从月氏至大夏，竟不能得月氏要领。留岁余还，并南山，欲从羌中归，复为匈奴所得。留岁余，单于死，左谷蠡王攻其太子自立，国内乱，骞与胡妻及堂邑父俱亡归汉……初骞行时百余人，去十三岁，唯二人得还。』

这是张骞使大月氏往来的情况。张骞使大月氏，往来共十三年。他归国是匈奴单于死，匈奴发生内乱的一年。据史记匈奴列传，匈奴军臣单于死，其弟左谷蠡王伊稚斜攻太子于单，自立为单于，是在汉武帝元朔三年冬。张骞归汉当在这一年。汉在元朔年间，还是用颛顼历，以十月为岁首，冬是一年的第一个季度。张骞归汉当在元朔三年初。从元朔三年上推十三年为建元三年。张骞元朔三年归汉，归汉前留匈奴『岁余』，则他从大月氏东归当在元朔二年。他从大月氏东还前，留大月氏及大夏『岁余』，则他从匈奴逃抵大月氏当在元朔元年。他为匈奴所拘留当是从建元三年到元朔元年。

张骞使大月氏往还的路线，往时，到大宛取道疏勒，当无问题。因为这是通大宛的大道。张骞东归，史记大宛列传说：『并南山，欲从羌中归』，又叙述了于阗、扜罙、楼兰等地的情况。他是从南道回来的也必无问题。这里只有张骞往大月氏时，从匈奴到疏勒由哪条道路没有记载，不清楚。北道焉耆、龟兹、姑墨都是北道当道的重要国家，张骞没有提及。因此，有的学者认为他不是经由北道，而是由南道往大月氏的。史记大宛列传云：『楼兰、姑师，邑有城郭，临盐泽。』姑师就是车师。因此有的学者又说，张骞既知道车师，则他应该是由北道往大宛的。

这个问题很不容易解决。因为史记和汉书的记载，有的地方难以做出正确的解释。我疑经由南道可能比较近乎事实。这里需要研究的是姑师，即姑师是否即指车师前部所在的交河城（今吐鲁番）。如姑师是指交河城，则张骞可能是从北道往大月氏的。否则，不能因他提到姑师，便认为可以断定他是经由北道的。

史记大宛列传说楼兰、姑师『临盐泽』，这两国应都在盐泽沿岸的地方。汉书西域传云：『鄯善国本名楼兰，王治扞泥城……西北去车师千八百九十里。』车师去楼兰千八百九十里，临盐泽的姑师显然不是交河城的车师。

汉书西域传：

『初，武帝感张骞之言，甘心欲通大宛诸国，使者相望于道，一岁中多至十余辈。楼兰、姑师当道，苦之，攻劫汉使王恢等，又数为匈奴耳目，令其兵遮汉使。汉使多言其国有城邑，兵弱易击。于是武帝遣从票侯赵破奴将属国骑及郡兵数万击姑师。王恢数为楼兰所苦，上令恢佐破奴将兵。破奴与轻骑七百人先至，虏楼兰王，遂破姑师，因暴兵威以动乌孙、大宛之属。还，封破奴为浞野侯，恢为浩侯。』

赵破奴和王恢进攻姑师，同时又进攻楼兰，并且俘虏了楼兰王。史记建元以来功臣侯表：『从票侯以匈奴将军元封三年击楼兰复侯。』『浩侯王恢以故中郎将将兵捕得车师王侯。』据此，姑师王也被俘虏。徐松以为楼兰姑师二王都被虏①。这次战争，一战破两国，虏二王。由这种情况看，姑师与楼兰显然相邻近。汉书西域传：

『天汉二年，以匈奴降者介和王为开陵侯。将楼兰兵，始击车师。』

天汉二年汉才开始击车师，则元封三年赵破奴和王恢所击的姑师必不是交河城的车师。史记大宛列传：『楼兰姑师当道。』姑师是位于通往西域的孔道上，为往来西域者所必经。汉书西域传述往西域的道路：『自玉门阳关出西域有两道：从鄯善傍南山北波河西行至莎车为南道。……自车师前王庭随北山波河西行至疏勒为北道。』西汉时代，尤其汉武帝时代，汉与西域交通往来是否经由车师前王庭呢？不是的。魏略西戎传②述西域交通路线有南中新三道：

『从玉门关西出，经婼羌转西，越葱岭，经悬度入大月氏，为南道。从玉门关西出，发都护井，回三陇沙北头，经居卢仓，从沙西井转西北，过龙堆，到故楼兰，转西诣龟兹，至葱岭，

①汉书西域传补注。

②魏志乌丸鲜卑东夷传裴松之注引。

为中道。从玉门关西北出，经横坑，辟三陇沙及龙堆，出五船北，到车师界戊己校尉所治高昌，转西与中道合龟兹，为新道。』

按汉书西域传：

『元始中，车师后王国有新道出五船北，通玉门关，往来差近。戊己校尉徐普欲开以省道里半，避白龙堆之阸。』

据此，新道系汉哀帝以后才开辟的。在此之前，汉与西域往来实是由南道及中道。很明显，汉武帝时车师还不是在汉通西域的孔道上。这也可知姑师必不是指交河城的车师。然则，姑师究何所指呢？汉书西域传云：

『及破姑师，未尽殄，分以为车师前王后王及山北六国。』

照这句话讲，车师前后王及山北六国都是姑师分裂出去的，则姑师的疆域原先是很大的。可能在汉武帝时，它的领土有一部分达到盐泽附近，与楼兰邻接，则仍属南道。张骞前往大月氏盖是经由南道的。

二　张骞使乌孙

张骞使大月氏，不得要领而还。汉联合大月氏共同抵御匈奴的目的没有达到。是后，汉连年出兵进攻匈奴。元狩二年，匈奴昆邪王降汉，汉取得河西地。元狩四年，汉又大举深入，击走匈奴于漠北。这时候，汉武帝又屡次询问张骞大夏等国的情况。于是张骞又建议联结乌孙，招他东来居昆邪王地。如果乌孙听从，这可以『断匈奴右臂』，而且可以与西方大夏等国联合。汉武帝采纳了张骞的建议，又派他往乌孙。

乌孙之民族，学者有人认为即古代的允姓之戎。「水经注山水地泽：『春秋传曰，允姓之奸，居于瓜州。瓜州，地名也。杜林曰：「敦煌，古瓜州也。州之贡物，地出好瓜，民因氏之。瓜州之戎并于月氏者也。」』

这其实完全是错误的。非特乌孙不是允姓之戎，允姓之戎也不居敦煌。以敦煌为古瓜州，始于杜林。汉书地理志敦煌郡自注云：『杜林以为古瓜州，地生美瓜。』杜预注左传便以为其地为允姓之戎所居之瓜州。后世学者遂相沿不改。按哀公十四年左传：

『十四年春，吴告败于晋。会于向……将执戎子驹支。范宣子亲数诸朝，曰：「来！姜戎氏。昔秦人迫逐乃祖吾离于瓜州，乃祖吾离被苫盖，蒙荆棘，以来归我先君。我先君惠公有不腆之田，与女剖分而食之。今诸侯之事我寡君不知昔者，盖言语漏泄，则职女之由。诘朝之事，尔无与焉！与将执女！」对曰：「昔秦人负恃其众，贪于土地，逐我诸戎。惠公蠲其大德，谓我诸戎，是四岳之裔胄也，毋是翦弃。赐我南鄙之田，狐狸所居，豺狼所嗥。我诸戎除翦其荆棘，驱其狐狸豺狼，以为先君不侵不叛之臣，至于今不贰……」』

昭公九年左传：

『周甘人与晋阎嘉争阎田。晋梁丙、张趯率阴戎伐颍。王使詹桓伯辞于晋曰：「……昔先王居梼杌于四裔，以御螭魅，故允姓之奸，居于瓜州，伯父惠公归自秦，而诱以来，使逼我诸姬，入我郊甸，则戎焉取之。戎有中国，谁之咎也？后稷封殖天下，今戎制之，不亦难乎！」』

据此，允姓之戎原居瓜州。秦人贪其土地，破逐诸戎，晋惠公迁之于晋。后汉书西羌传：

『后九年，陆浑戎自瓜州迁于伊川，允姓戎迁于渭汭，东及轩辕。在河南山北者号曰阴戎。」』

据此，允姓之戎、陆浑之戎和阴戎原都是居于瓜州的戎人，也是同时迁徙的。秦晋迁陆浑之戎于伊川，是在鲁僖公二十二年，即晋惠公十三年，秦穆公二十三年。可知允姓之戎、陆浑之戎和阴戎都是为秦穆公所迫逐而迁徙的。秦穆公『贪于土地』而迫逐诸戎，则诸戎所居的瓜州之地必为秦穆公所吞并。秦当始皇极盛时期，其两境仅及陇西、安定，犹未越过黄河，怎么穆公时竟能达到敦煌呢？这为事实所必无，至为明白。允姓之戎所居的瓜州当在春秋时秦国的境内，与敦煌风马牛不相及。以允姓之戎所居的瓜州为敦煌，显然是望文臆谈，没有深考。允姓之戎既不是居于敦煌，可知它与乌孙实毫无关系。

近代学者又或谓乌孙是雅利安人，或谓是突厥族。

汉书西域传颜师古注云：

『乌孙于西域诸戎，其形最异。今之胡人，青眼赤须，状类猕猴者本其种也。』

有人据此便谓乌孙是雅利安人[①]。颜师古之说，不知何所根据。隋唐时代，乌孙国早已不复存在，已看不到乌孙人。颜氏说当时胡人青眼赤须，状类猕猴者为乌孙之后裔，显系臆说。

乌孙为突厥族，我以为比较可信。焦氏易林云：

『乌孙氏女，深目黑醜，嗜欲不同，过时无偶。』

这是汉人所述乌孙人的状貌。汉时，乌孙与汉和亲，关系密切，其人有来汉者，当时人所述乌孙人的状貌应当可靠。这里说『乌孙氏女，深目黑醜』，明显是突厥人的形象。汉书张骞传说乌孙昆莫的父亲为大月氏所灭时，昆莫新生。他的傅父布就翕侯抱着他逃亡，放置草中，去为觅食，回来时，看到狼哺乳他，以为神，把他抱回去。按突厥人和高车人都传说他们是狼的子孙。可见这种神话乃是突厥族普遍的传说，当是同出一源。乌孙的传说与突厥族相同，也足证它是突厥族。

乌孙的故地，史记大宛列传云：

『昆莫之父，匈奴西边小国也。』

没有明确说在什么地方。汉书张骞传：

『昆莫父难兜靡本与大月氏俱在祁连、敦煌间，小国也。』

汉书西域传：

①洪钧：元史译文证补；吕思勉：中国民族史。

『始张骞言，乌孙本与大月氏共在敦煌间。』

颜师古说在『祁连山以东，敦煌以西』（汉书张骞传注）。这是因为他以祁连山为天山的缘故。史记匈奴列传：『定楼兰、乌孙、呼揭及其旁二十六国皆为匈奴。』正义云：

『二国皆在瓜州西北，乌孙战国时居瓜州。』

张守节盖信乌孙即允姓之戎，所以说乌孙战国时居瓜州。说乌孙和呼揭皆在瓜州西北，与颜师古说略同。

近代研究这个问题者也有不同的意见。

一说乌孙故地是今甘肃安西。后汉书西羌传说湟中月氏胡旧在张掖、酒泉地。史记骠骑将军列传：『骠骑将军逾居延，遂过小月氏攻祁连山。』可知张掖、酒泉原为月氏居地。乌孙与大月氏共居敦煌祁连间。东方的酒泉、张掖既为大月氏所占，便不能再容纳乌孙，乌孙必在大月氏之西，即敦煌之地。乌孙大概是游牧于布隆吉尔河流域的①。

一说乌孙故地是在张掖。史记大宛列传张骞建议联乌孙云：

『今单于新困于汉，而故浑邪地空无人。蛮夷俗贪汉财物，今诚以此时而厚币赂乌孙，招以益东居故浑邪之地，与汉结昆弟，其势宜听，听则是断匈奴右臂也。』

汉书张骞传：

①参看白鸟库吉：西域史的新研究。

『今单于新困于汉，而昆莫地空。蛮夷恋故地，又贪汉物，诚以此时厚赂乌孙，招以东居故地，汉遣公主为夫人，结昆弟，其势宜听，则是断匈奴右臂也。』

史记大宛列传张骞说乌孙昆莫云：

『乌孙能东居故浑邪地，则汉遣翁主为昆莫夫人。』

汉书西域传：

『乌孙能东居故地，则汉遣公主为夫人，结为昆弟，共距匈奴，匈奴不足破也。』

汉书和史记所说的是同一事，而且同是张骞的话。史记『故浑邪地空无人』，汉书作『昆莫地空』。史记『招以益东居故浑邪之地』，汉书作『招以东居故地』。史记『乌孙能东居故浑邪地』，汉书作『乌孙能东居故地』。由此可知，匈奴浑邪王之地原即是昆莫之地。汉书地理志张掖郡自注云：『故匈奴昆邪王地。』所以乌孙故地应在张掖。乌孙当是游牧于额济纳河流域者。

一说乌孙故地是在敦煌安西以西今哈密、镇西、乌鲁木齐之地。这是信从颜师古和张守节之说。另外，冒顿致汉文帝书云：『定楼兰、乌孙、呼揭及其旁二十六国皆以为匈奴。』乌孙当与楼兰相近，楼兰、呼揭都在匈奴之西，所以乌孙应在今哈密、镇西乃至乌鲁木齐地区为当。

乌孙的故地何在，确实是个难以断定的问题。昆莫之父难兜靡与大月氏俱在敦煌祁连之间，我们不能不承认乌孙的故地应在此范围之内。匈奴冒顿单于致汉文帝书：『定楼兰、乌孙、呼揭及其旁二十六国。』玩其语气，又不能不认为乌孙当与楼兰、呼揭等相近。汉书改史记浑邪王故地为昆莫故地，又不能不承认昆莫故地应就是浑邪王的居地。我觉得必须把这三种记载解释得通顺无误，方为合理，我们玩索史记和汉书的记载，疑情况是这样：即昆莫父难兜靡和昆莫所居不是一地。史记说『昆莫之父，匈奴西边小国也』。汉书说『昆莫父难兜靡本与大月氏俱在祁连敦煌间』。史记不说乌孙而说『昆莫之父』。汉书说『昆莫地空』不说乌孙地空。从这些用词来看，昆莫的居地与其父难兜靡的居地似有区别。如这种考查不误，则问题便可以得到解释。汉书张骞传说难兜靡与大月氏俱在祁连敦煌间，汉书西域传说与大月氏共在敦煌间。难兜靡居地当就在敦煌。难兜靡居地在敦煌，自与楼兰等国相近。

难兜靡为大月氏所灭，其土地自也为大月氏所吞并。昆莫的土地是匈奴给予他的。匈奴予昆莫土地时，大月氏还在敦煌祁连间，不可能将昆莫父亲难兜靡的土地给予他。所以昆莫的居地必不是他父亲的居地，而是另外的地方。史记大宛列传：

『及壮，使将兵，数有功。单于复以其父之民予昆莫，令长守西城。』

据此，匈奴单于给予昆莫的地方应是西城。史记大宛列传又云：

『是岁（元狩元年）汉遣骠骑将军破匈奴西城数万人，至祁连山。』

据此，西城当在祁连山以东。这正是在张掖郡境内，也即是浑邪王的地方。乌孙昆莫在他没有西徙以前，居于张掖境内，当是事实。

大月氏为匈奴老上单于所破，自敦煌祁连间西徙，击走塞王而占有其地。后乌孙昆莫又击走大月氏，大月氏西徙大夏，其地又为乌孙昆莫所占。乌孙自此就脱离匈奴，自己建立国家。

学者多以为乌孙是在伊犁河流域地方，现在有许多教科书也都这样说。清徐松谓乌孙是在天山之阳。徐氏汉书西域传补注云：

『乌孙之境，西自捐毒之北，东迄焉耆之北，旁白山之阳，亘三千五百余里。』

徐氏的根据有下列几点：

（1）汉书西域传云：『温宿国北至赤城六百一十里。』汉代温宿即今阿克苏。自阿克苏到伊犁沙国山口已六百六十五里。可知乌孙北境不得逾特克斯河。（西域水道记）

（2）汉书陈汤传云：『匈奴郅支单于侵陵乌孙、大宛。如得此二国，北击伊列，西取安西，南排月氏，山离乌弋。』可知伊列乃别是一国，在乌孙之北。乌孙必不居伊犁河流域之地。（西域水道记）

（3）北魏书西域传云：乌孙居赤谷城，『后徙葱岭山中』。伊犁远在葱岭北，不能说西徙葱岭山中。西徙葱岭山中，其地必在天山之南。（汉书西域传补注）

（4）汉书西域传云：汉使魏如意、任昌及楚主解忧谋杀乌孙狂王时，肥王翁归靡胡妇子乌就俱去，『居北山中』。北山即天山。乌孙称天山为北山，可知乌孙必在天山之南。（汉书西域传补注）

（5）汉书西域传谓乌孙赤谷城东至都护治所千七百二十一里。伊犁河对都护治所乌垒城之方位是北与西北。这里说赤谷城的位置是在乌垒城之西。乌孙赤谷城必不在天山之北。（汉书西域传补注）徐氏以为『今阿克苏城北盐山，土色纯赤』。疑即是赤谷城。

徐氏所见不能不说确具只眼。汉书西域传捐毒、温宿、姑墨、龟兹、焉耆都『北与乌孙接』。可见乌孙的疆域必定达到天山之南。捐毒乃人口千一百之小国，疆土非常狭小。如乌孙在伊犁地方，绝不能与之接壤，这非乌孙在天山之南不可。

新唐书地理志载贾耽皇华四达记云：

『大石城一曰于祝，曰温肃州。又西北三十里至粟楼烽。又四十里度拔达岭，又五十里至顿多城，乌孙所治赤谷山城也。又西北三十里度真珠河。』

唐代的温肃州为现在的乌什①，真珠河为纳林河。若据此说，赤谷城当在今乌什西北一百二十里拔达岭和纳林河之间。再就汉与乌孙的交涉看，汉武帝以后，乌孙的政治几无不有汉西域都护参与其中。都护之兵曾三度进入赤谷城。一为郑吉救楚主解忧之围；一为甘延寿、陈汤讨匈奴郅支单于，兵过赤谷城；一为孙建袭杀卑爰疐。此外还有常惠将三校屯赤谷城，段会宗斩乌孙太子番邱。这都可以看出赤谷城与天山南路相近，交通方便。汉书陈汤传：『其三校都护自将，发温宿，从北道，入赤谷，过乌孙。』也可知赤谷城离温宿不远。近代学者多谓赤谷城在热海东南岸和纳林河之间。赤谷城的位置现在虽还不能确指，但在这一区域之内，当无问题。

①西突厥史料。

学者谓乌孙在伊犁地方是根据魏略西戎传和后汉书西域传推测的。魏略西戎传：

『车师后部，王治于赖城……转西北则乌孙、康居。』

后汉书西域传：

『前部通焉耆北道，后部西通乌孙。』

车师后部是现在的孚远。由此沿天山北，经由乌鲁木齐到伊犁，是后世的大道。学者便由此推测乌孙在伊犁①。

这实是错误的。西汉时，汉与乌孙往来实都由天山南路，没有由车师后部及天山北者。汉书常惠传：

『天子以惠奉使克获，遂封惠为长罗侯，复遣惠持金币还赐乌孙贵人有功者。惠因奏请龟兹国尝杀校尉赖丹，未伏诛，请便道击之，宣帝不许。大将军霍光风惠以便宜从事。惠与吏士五百人俱至乌孙，还过，发西国兵二万人，令副使发龟兹东国二万人，乌孙兵七千人，从三面攻龟兹。』

常惠使乌孙，请便道击龟兹，既曰『便道』，则他必路过龟兹。他返汉时，又发龟兹东西国兵击龟兹。他往还显都由天山南，而不是由车师后部。

汉书西域传：

①参看桑原骘藏：张骞西征考。

『时乌孙公主遣女来至京师，学鼓琴。汉遣侍郎乐奉送主女，过龟兹。龟兹前遣人至乌孙求公主，未还。会女过龟兹，龟兹王留不遣，复使使报公主，公主许之。』

汉使送乌孙女回乌孙，路过龟兹。这更显然汉往乌孙是由天山之南，而不是由车师后部。

汉书西域传：

『小昆弥乌就屠死，子拊离代立，为弟日贰所杀。汉遣使者立拊离子安日为小昆弥。日贰亡，阻康居。汉徙己校屯姑墨，欲候便讨焉。』

戊己校尉原屯田于车师。若乌孙果在伊犁地方，则汉兵可经由车师直接循天山北往乌孙，何必徙己校于姑墨呢？这乃因为乌孙在山南，姑墨与之相接近，所以汉徙己校于姑墨，可以便于进军。

汉书傅介子传：

『先是，龟兹、楼兰皆尝杀汉使者……至元凤中，介子以骏马监求使大宛，因诏令责楼兰、龟兹国。介子至楼兰，责其王教匈奴遮杀汉使，大兵方至，王苟不教匈奴，匈奴使过至诸国，何为不言？王谢服，言匈奴使属过，当至乌孙，道过龟兹。介子至龟兹，复责其王，王亦服罪。介子从大宛还到龟兹，龟兹言匈奴使从乌孙还在此。介子因率其吏士共诛斩匈奴使者。』

据此，不特汉使往来乌孙道由天山南，匈奴与乌孙往来也经由天山南。

汉书西域传：

『北道西逾葱岭，则出大宛、康居、奄蔡、焉耆。』

据此，西汉时，汉往康居也是由天山南。

前面曾举魏略西戎传说西域有南、中、新三道。西汉时，汉与西域往来是由南和中两道。新道是西汉末年以后才开辟的。魏略西戎传和后汉书西域传所说的车师后部通往乌孙和康居，乃是后汉时代的情况。徐松说这是因为迪化（乌鲁木齐）附近有乌孙土地①。所以根据魏略西戎传和后汉书西域传说乌孙在伊犁地方，是不正确的。

乌孙的疆域四至，汉书西域传云：

『东与匈奴，西北与康居，西与大宛，南与城郭诸国相接。』

乌孙南与城郭诸国交界。徐松说北山之阳，城郭诸国之北都是乌孙的土地。乌孙的领土北界达到什么地方，史无记载。徐松说乌孙北境不得逾特克斯河，则今特克斯以南，天山山脉都是乌孙的领土。

乌孙的东界，水经注河水云：

『大河又东，右会敦薨之水。其水出焉耆之北，敦薨之山。在匈奴之西，乌孙之东。』

敦薨水即现在的珠勒都斯河。敦薨山即现在的珠勒都斯山。此山在匈奴之西，乌孙之东，乌孙和匈奴当以此山为界。汉书西域传谓乌贪訾离国『西与乌孙接』。徐松谓乌贪訾离在车师西

①汉书西域传补注。

三四百里，正当博克达山中。这也可以证明乌孙东界当在珠勒都斯山附近。

乌孙西界，汉书说『西北与康居，西与大宛接』。但它的疆界达到什么地方，难以确指。汉书西域传：

『捐毒国治衍敦谷……南与葱岭属，无人民，西上葱岭则休循也。西北至大宛千三十里，北与乌孙接。』

捐毒国西与休循交界，北与乌孙相接，而休循不与乌孙接壤。乌孙的西界当在捐毒与休循之间。捐毒是现在的伊尔克斯坦，西上就是葱岭，乌孙西界当达到葱岭之东。

汉书陈汤传：

『汉兵胡兵合四万余人……即日引军分行，别为六校，其三校从南道逾葱岭径大宛，其三校都护自将，发温宿国，从北道入赤谷，过乌孙，涉康居界，至阗池西。而康居副王抱阗将数千骑，寇赤谷城东，杀略大昆弥千余人，驱畜产甚多，从后与汉军相及，颇寇盗后重。汤纵胡兵击之，杀四百六十人……又捕得抱阗贵人伊奴。入康居东界，令军不得为寇……未至单于城可六十里止营。』

乌孙与康居间的疆界由此可约略推见。阗池即现在的热海。甘延寿、陈汤军从赤谷城前往康居都赖水上匈奴郅支单于的居地，他们进军的路线是由热海南还是由热海北，学者意见不一。沙畹说：『寻常通道在此湖北、湖南通行甚难。』①

若如沙畹所说，甘延寿和陈汤进军似应由热海北岸。我们推敲汉书所述的情况，他们进军当由热海南岸。汉书说：『邻康居界至阗池西。』如甘延寿和陈汤进军是由阗池北岸，则他们必须要由阗池东岸北行，才能转到北岸，不能到达西岸。此云『至阗池西』，这只有从阗池南岸进军才行。汉书说：『康居副王抱阗将数千骑寇赤谷城东』『从后与汉军相及，颇寇盗后重。』康居的军队何以能寇赤谷城以东呢？是从哪条路线来的呢？如果抱阗是取道阗池南岸，则他行军方向是由西向东，不能寇赤谷城以东。抱阗当是由阗池东岸南下的。赤谷城在热海南岸和纳林河附近地区之内，抱阗从热海东岸南下，所以能寇赤谷城以东。甘延寿和陈汤军由热海南岸向西前进，抱阗从热海东岸南下，转而向西，所以能抄汉军之后。康居抱阗王军从热海东岸南下击乌孙，则热海北岸之地当属康居。甘延寿和陈汤军由热海南岸之地进军，『涉康居界至阗池西』，则热海西岸之地也应属康居。乌孙西边与康居的国界当在热海南岸与西岸之间。

总体来看，从今伊尔克什坦沿天山山脉以东至博克达山应都是属于乌孙。乌孙乃是游牧于天山山脉中者。

张骞使乌孙，是想要乌孙迁回昆莫的故地，与汉联合抵御匈奴。但乌孙因离汉远，不知道汉的大小，又因靠近匈奴，长期以来服从匈奴，不愿再迁回故地。张骞的目的又

①西突厥史料。

没有达到。

张骞使乌孙的年代没有明确的记载。他建议联合乌孙是在元狩四年。他出发往乌孙当在此后不久。但是否就是元狩四年，不能确知。汉书张骞传说张骞使乌孙回来，拜为大行。汉书百官公卿表，张骞为大行令是在元鼎二年，他可能就是这一年回来的。通鉴即系于这一年。

张骞这次使乌孙的外交目的没有达到，但对开辟汉与西域的道路却有更大的意义。张骞这次使乌孙，汉武帝非常重视，看来也作了充分的准备，组织了一个庞大的使团，成员有三百人，有许多副使。史记大宛列传说：『天子以为然，拜骞为中郎将，将三百人，马各二匹，牛羊以万数，资金布帛直数千巨万，多持郎副使，道可使使遗之他旁国。』汉武帝的目的不仅要去乌孙，而且要派使者到其他各国。张骞到乌孙后，派副使分别到大宛、大月氏、大夏、安息、身毒、于阗、扜罙及其他附近的国家。张骞回汉时，乌孙派人随他同来。其他副使不久也都和那些国家的人一道来汉，于是汉与西域各国的往来道路便完全打通了。

自汉初以来，匈奴对汉安全的威胁一直是个严重的问题。汉对匈奴采取和亲政策，问题仍不能解决。这里最根本的原因是匈奴为游牧民族。他们生活的草原和沙漠地区，是比较贫瘠的，他们总是要向邻接的富庶的农业民族进行劫掠和侵略。汉武帝改变和亲政策，想用武力对匈奴进行反击。但要击败匈奴也是相当困难的。当时，匈奴是个大国，不仅阴山以北的广大地区为它所有，天山以南的『城郭诸国』也役属于匈奴，乌孙、大宛、康居等国也畏惧它。这样一个强大的国家，汉要击败它自然很不容易。此外还有更重要的一点，即匈奴是游牧民族，他们往来迁徙没有固定的住地。他们作战是『胜则进，败则退』，不容易消灭它的主力。同时匈奴的土地是草原和沙漠，汉人不能在那里居住生活，汉不能占领它的土地，这就所谓『得其民不足使，得其地不足以耕』。汉武帝用了很大的力量，终未能使匈奴屈服，原因即在于此。面对这种形势，汉要击败匈奴，最好的办法只有能在西方找到与国。这样，一方面可以削弱匈奴在西方的势力，一方面可以与之合力抗击匈奴。

张骞使大月氏和乌孙都没有达到汉所希望的目的。但以后汉仍继续执行这一政策。张骞打通通西域的道路以后，汉武帝就极力发展这条道路的交通，并保护其畅通无阻。张骞自乌孙回汉后，汉武帝便不断的派遣大批使者前往西域。并且鼓励人往西域去，不论什么人请求往西域者，汉武帝都给予他使者的名义，并给予他人员和财物。有许多人想往西经商牟利者也争着前去。于是往西域的人很多。汉武帝又在渠犁和轮台设置使者校尉，派兵屯田，以保护和供给往来的使者。西域的道路便大开通。及至宣帝时，设置都护，保护南北两道，于是汉与西域的道路便更畅通。

同时，汉在外交上也继续积极的活动。张骞使乌孙后不几年。汉武帝元封年间，汉以江都王建女为乌孙昆莫妻，汉与乌孙便联合起来。元封三年，命赵破奴和王恢击破楼兰和姑师。太初元年到四年，又两次派李广利远征大宛，扩大汉在西域的势力和影响。及至宣帝时，汉终于与乌孙联合大败匈奴，使匈奴大为削弱。元帝时，甘延寿和陈汤进军康居，击杀匈奴郅支单于于都赖水上，匈奴更大衰。匈奴对汉的威胁遂减缓。

1980年2月10日草于芜湖赭山

魏晋清谈思想源流略论

引言

清谈思想是我国从二世纪中叶以后至六世纪中叶思想的主流。它支配我国思想界达四百余年之久。它不仅支配了当时的思想，而且还影响了当时的社会生活和政治。它对魏晋南北朝这一时代的关系是极重要的。这种思想的本质内容和流变如何，过去的学者已有过不少的讨论。不过，有的也不能说没有不妥帖、不周密的地方。我这篇文章的目的即想补缀以前学者所不足。

我们觉得清谈思想正代表着当时『士大夫』这一阶层的思想。封建社会里的『士大夫』是个中间阶层。它属于统治阶级，但又不是统治集团的核心人物，不是专制帝王贵族里的人。它在政治上的权力有时还赶不上与统治集团的帝王贵族略有关系的外戚和宦官。因为这样，『士大夫』阶层的思想往往表现着两面性：一方面，他们要求统治集团对他们开放政权，对他们放任；另一方面，他们又要求被统治的人民服从统治阶级。清谈思想最初是空想的唯理主义，后来转变为绝对的个人自由主义。同时，它又不放弃统治阶级的名教。过去的学者以为魏晋时代的清谈思想反对名教，认识实是错误的。这很明显地反映了中间阶层『士大夫』的两面性。这就是说，他们向上面的统治集团要求顺乎『理』，要求个人自由；而对下面被统治的人民，则要求服从理教。清谈思想本身即有这样的矛盾，所以注定了它没有出路。最后的结果，它只助长了当时统治集团和豪家世族的腐化奢纵的生活和政治的腐败无能而已。『清谈误国』这一清谈思想的『盖棺论定』实没有怎样冤枉它的。

清谈思想的兴起、发展和变化，是和当时的政治社会密切地相关着的。任何一种思想运动无不与当时的政治社会有关，清谈思想当然也是一样。它随着政治社会的发展而发展，同时，它又反过来影响着政治。大概地说，当后汉安帝刘祜的时候，这种新思想运动就开始发动了。这就因为此时政治上外戚宦官专权政治逐渐腐败，统治阶级对人民剥削日渐深重的缘故。后来，政治腐败的程度日益加深，这种新思想便也日益发达。到了桓帝刘志以后，便形成为波澜壮阔的新思想运动。这种新思想运动同时也就是一种政治运动，即反宦官外戚运动。这一运动在桓帝刘志和灵帝刘宏的时候达到最高潮。虽然把持政权的宦官们用残酷的手段杀戮了许多领导这一运动的『名士』，即史所谓『党锢之祸』。但最后，腐败的汉政权和宦官势力，却不能说不是被这种思想摧毁了。

后汉以来新思想发展的结果，出现了何晏、王弼的『正始之音』。何晏、夏侯玄等名士，既有了这样新的思想系统，他们就想以此为根据改造政治，倡导改革。但这一改革运动却遭遇了以司马懿为首的官僚们的强烈反对和攻击。最后不仅改革运动失败了，而且名士们惨遭司马懿等人的屠杀。曹魏的政权也从此被司马氏夺去。

司马懿父子篡取政权是『欺人孤儿寡妇』，手段卑劣而残酷，对于反对他的名士，大肆杀戮。司马懿父子如此阴贼险狠，而一班帮凶们还高唱着名教礼法。名教礼法成了欺世盗名的工具。这一事实给当时的思想界以强烈的刺激。思想因之而改变。以阮籍、嵇康为首的竹林名士，痛心疾首于这种虚伪欺骗的名教礼法，于是倡导『越名教而任自然』『越名任心』的学说。思想的主流自此便由正始时代合儒道合老易的唯理主义转变而为以老庄为主的自然主义。

西晋的时候政治腐败黑暗得不堪，尤其到了惠帝司马衷的时代，贾后八王残酷的政权争夺爆发了。在这一政权争夺中，又有许多『名士』被杀了。因此，士大夫像王戎、王衍之流的人物，为着保全生命、禄位和门户，便对现实的政治保持『拱默』。同时，他们是豪门世族、达官贵人，他们有足够的闲日高谈玄虚，享受欣赏精神自由的生活。因此，阮籍、嵇康等的『越名任心』的学说，他们更推进一步，变为鄙夷现实，耻□勤俭，而一味的过着心无所累的精神自由生活。自此以下，直至东晋南朝，便都为这种思想所支配。由于这种思想的影响，『士大夫』这一阶层生活日益腐化，政治日渐无能。

这篇文章的目的，就想将上面所说的清谈思想发展的过程，作一简单的考察和说明。

（一）清谈思想的起源

清谈思想起始于什么时候？通常大家都认为所谓清谈思想是指何晏、王弼以后以至东晋南北朝时代的思想。我们觉得，这种看法是不甚妥当的。我们觉得清谈思想不始于正始时代的何晏、王弼，在后汉桓帝刘志时代就已开始了。我们认为桓灵时代的太学生反宦官运动，就是由这一种思想开始。这里我们只举几件最简单的事实来说清谈思想是应当从后汉桓灵时代太学生反宦官运动开始的。（中缺一段，难以辨识）

『符融字伟明，陈留浚仪人也。少为都官吏，耻之，委去。后游太学，师事少府李膺。膺夙性高简，每见融，辄绝他宾客，听其言论。融幅巾奋袖，谈辞如云，膺每捧手叹息。』（后汉书符融传）

『郭泰字林宗……博通坟籍。善谈论，美音制。乃游太学。始见河南尹李膺，膺大奇之，遂相友善。于是名震京师。』（后汉郭泰传）

谢甄『与陈留边让并善，谈论俱有盛名。』（后汉书谢甄传）这里所举的符融、郭泰都是桓灵时代的太学生领袖，反宦官运动中的著名人物，他们就已善谈论，并且他们已以善谈论为高。这种谈论就是清谈。清谈这一名目，此时也即有了。后汉书郑泰传云：『孔公绪清谈高论，嘘枯吹生。』魏太子丕与钟繇书云：『至于荀公（爽）之清谈，孙权之妩媚，执书嗢噱，不能离手。』（魏志钟繇传注引）孔伷是桓灵时候的人，荀爽则更是与李膺同志友善的党锢领袖之一，他们的谈论就已被称之为清谈，可见清谈之目，桓灵时代就有了。

魏晋清谈名士重人伦鉴识，这也是从桓灵时代就已兴盛的，也始盛于反宦官的太学生领袖之中。如郭泰『善人伦』，符融『名知人』，何颙『名知人』，许劭『好人伦』。许劭和他的从兄请品题乡里人物，每月辄更其品题，谓之月旦评。

因为人伦鉴识之学的兴起，对人物加以品评，于是有所谓题目，即用一两句话描述一个人的才能、风度、品德。这种风气在桓灵反宦官运动的时候也即有了。

『或问汝南范滂曰：「郭林宗何如人」？滂曰：「隐不违亲，贞不绝俗，天子不得臣，诸侯不得友。」』（后汉书 郭泰传）

『初（郭）泰至南州，过袁奉高，不宿而去。从（黄）叔度，累日不去。或以问泰，泰曰：「奉高之器，譬诸氿滥，虽清而易挹。叔度之器，汪汪若千顷陂，澄之不清，淆之不浊，不可量也。」』（后汉书 郭泰传）

『李膺岳峙渊清，峻貌贵重。华夏称之曰：「颍川李府君頵頵如玉山，汝南陈仲举轩轩如千里马。南阳朱公叔飂飂如行松柏之下。」』（世说新语 赏誉篇注引李氏家传）

仅就此处所举几件简单的事实，我们就很明白地可以知道清谈思想起于桓灵时代。

这种清谈思想的起源，过去的学者或谓源于王充，或谓始于马融。我们觉得这种说法是不确当的。由我们的考察，我们认为从学术思想的渊源上看，它实有两个来源：一是师承刘歆、扬雄的古文学派，一是汝颖学派。后一派也是讲古文的，但风格与前一派略有不同。这两派最后都借太学发扬光大。这两派的思想由于安帝顺帝时代政治社会的激动，到了桓帝的时候遂浸成为思想的巨潮。

后汉时代的学术，最早大概可分为两派。一是讲章句名物阴阳谶纬的，一是师承刘歆、扬雄的。后一派学术的风格就王充所言，是『怀先王之道，含百家之言』的『文儒』（论衡效力篇）。他们的学术，虽也研究经学，但不守章句，而言大义。同时又兼通百家和辞赋。这一派的学者最早有班彪、桓谭、王充、崔骃、尹敏、班固，稍后有崔瑗、马融、张衡、王符、窦章等。后汉书桓谭传云：

『（谭）好音律，善鼓琴。博学多通，遍习五经，皆诂训大义，不为章句。能文章，尤好古学，从刘歆、扬雄辩析疑异。性嗜倡乐，简易不修威仪，而憙非毁俗儒，由是多见排抵。』

后汉书崔骃传云：

『骃年十三，能通诗易春秋。博学有伟才，尽通古今训诂百家之言，善属文。少游太学，与班固、傅毅同时齐名。常以典籍为业，未遑仕进之士。』

后汉书王充传云：

『充少孤，乡里称孝。后到京师，受业太学，师事扶风班彪。好博览而不守章句。家贫无书，常游洛阳市肆，阅所卖书，一见辄能诵忆，遂博通众流百家之言。』

后汉书班固传云：

『九岁能属文，通诗赋。及长，遂博贯载籍。九流百家之言，无不穷究。』

这些人，很明显是以儒学为主而兼通百家之言和文章辞赋的。他们不是师生，便是朋友，当然可以说是构成一个学派。比这些人稍后点的，又有崔瑗、马融、张衡、王符、窦章等人。

后汉书崔瑗传云：

『瑗（驷子）锐志好学，尽能传其父业。年十八，至京师，从侍中贾逵质正大义，逵善待之，瑗留学，遂明天官、历数、京房易传、六日七分。诸儒宗之。扶风马融、南阳张衡特相友好。』

后汉书马融传云：

『融才高博洽，为世通儒，教养诸生，常有数千。……尝欲训左氏春秋，及见贾逵、郑众注，乃曰，贾君精而不博，郑君博而不精。既精既博，吾何加焉。但著三传异同说。注孝经 论语 诗 易 「三礼」，尚书 列女传 老子 淮南子 离骚。所著赋、颂、碑、诔、书记、表奏、七言、琴歌、对策、遗令，凡二十一篇。』

后汉书王符传云：

『少好学，有志操。与马融、窦章、张衡、崔瑗等友善。……自安、和之后，世务游宦，当涂者更相荐引，而符独耿介，不同于俗，以此遂不得升进。志意蕴愤，乃隐居。著书三十余篇，以议当时得失，不欲彰显其名，故号曰潜夫论。』

后汉书张衡传云：

『少善属文，游于三辅，因入京师，观太学，遂通五经，贯六艺。虽才高于世，而无骄尚之情。常从容淡静，不好交接俗人。……衡善机巧，尤致思于天文、阴阳、历算。常好玄经，谓崔瑗曰：「吾观太玄，方知子云妙极道数，乃与五经相拟，非徒传记之属。」』

后汉书窦章传云：

『少好学，有文章。与马融、崔瑗同好，更相推荐。』

崔瑗、马融、王符、张衡、窦章等，他们同志友善，他们学问的旨趣风格又是相同，自然是当时的一个学派。这一学派也是以儒术为宗，而兼通百家、辞赋的马融为一代经师，他除注五经外，又注列女传 淮南子 老子 离骚。崔瑗传其父业，必通百家。张衡兼通天文、历算，善文章，更为博洽。这一派学问显然是和后汉初期桓谭、崔骃、王充等相同的，他们就是承继了这一派。崔瑗传其父业，就可明白地证明这一点。这一派最重要的传播地则为太学。

讲后汉时代的学术，有一点学者们未甚注意，而我们以为必须重视的，就是洛阳的太学。太学自光武时代建立以后，到了明帝刘庄和章帝刘炟时代达到极盛。这一规模宏大的太学，为全国的人才所萃集之地，是全国最高的学术机关，它对于学术思想应当也必然会发生重要的作用和影响。后汉时代这种『怀先王之道，含百家之言』的『文儒』的学术思想，我们看王充、崔骃、班固、崔瑗、张衡等都是太学学生，就可以知道它实以太学为主要流传的地方。这一派有太学为它的根据地，又有许多名家，在后汉时代的思想界始终占有很大的势力。

这一派的学术，其思想已不拘于儒家一家，而是兼有百家的成分。如王充兼有道家，王符兼有法家，都是很显然的例子。尤可注意的，是这一派思想里已有庄子思想的成分。不仅他们的文章里引用了不少庄子的语句，而且他们对于人生，已有庄子『达生任性』的态度。达旨是崔骃志趣的自述，他说：『縶余马以安行，俟性命之所存。』后汉书马融传说融：『善鼓琴，好吹笛，达生任性，不拘儒者之节。』崔骃、马融这种思想就是后来清谈思想中庄子一派的滥觞。

清谈思想的另一个来源是汝颍学派。这一学派对于清谈思想的关系，过去学者几毫未注意，甚至没有人提到过。汝颍学派这一名称也是我姑且加上的。晋书陈頵传云：『（解）结曰：张彦真以为汝颍巧辩，恐不及青徐儒雅也。頵曰：「彦真与元礼不协，故设过言……」』

张彦真名升，是和李膺同时的人。由他这句话里，汝颍地方确成为一个学术的派别。它的风格与齐鲁的儒家不同。我们考察了这一段历史，也可见到，在后汉时代汝南颍川地方，实成为一种学术风气。这一派所发生的地方，当然不止是汝南和颍川，但是其中的领导人物，却以两郡人为主。所以我们给它一个汝颍学派的称号。

这一学派最早的领袖，主要的有颍川荀淑、钟皓、陈稚叔、陈寔、李膺等。这一派，我们觉得实是清谈思想最主要的来源，它又是桓帝刘志以后反宦官运动直接的领导者。

这里我先说一下反宦官运动。后汉桓帝刘志和灵帝刘宏时代的反宦官运动，是个极猛烈的而又持久的政治斗争。在这一政治斗争中，『士大夫』阶层都表现着极勇敢不屈服的精神，和黑暗的宦官政权相斗争。甚至引起宦官对『士大夫』两次大拘捕大屠杀，他们还不稍气馁。这些『士大夫』何以有这种精神？这显然有他们阶级的原因存在，但我们觉得在学术思想上，也必有他们的基础。换句话说，他们必受了一种学术思想的陶融培育，才有这样的精神，才有这样一个磅礴的大运动。否则，他们又何尝不可以成为与宦官同流合污的官僚。

再从反宦官运动的几个领导人物来看，李膺、范滂、陈蕃等人，他们的品格、志趣何等不凡。世说新语德行篇云：

『李元礼风格秀整，高自标持，欲以天下名教是非为己任。』

又云：

『陈仲举言为士则，行为世范。登车揽辔，有澄清天下之志。』

张璠后汉纪云：

『范滂字孟博，汝南卑阳人，为功曹，辟公府掾。升车揽辔，有澄清天下之志。百城闻滂高名，皆解印绶去。』

李膺、陈蕃、范滂等有这样的抱负、气度，他们决不是没有理想的。他们这种抱负、品德和理想，也必有他们学术思想的基础。

因此，依我们的看法，桓灵时代的反宦官运动，必有思想的根源，而同时它本身也即是一个思想运动。

领导太学生作反宦官运动的，最主要的是李膺、陈蕃、王畅等。当时太学生推崇他们三个人说：『天下模楷李元礼，不畏强御陈仲举，天下俊秀王叔茂。』其中尤其重要的，则为李膺。范晔论李膺云：

『李膺振拔污险之中，蕴义生风，以鼓动流俗。激素行以耻威权，立廉尚以振贵势。使天下之士，奋讯感慨，波荡而从之，幽深牢、破室族而不顾，至于子伏其死，而母欢其义，壮矣哉。』（后汉书党锢传）

由这段议论可知，反宦官运动，主要的是由李膺鼓动起来的。李膺就是颍川人，他和王畅都是荀淑的弟子。续汉书云：

『淑有高才，王畅、李膺皆以为师。』（魏志荀彧传注引）

又张璠后汉纪云：

『淑博学有高行，与李固、李膺同志友善。』（魏志荀彧传注引）

又海内先贤传云：

『颍川先辈为海内所思者，定陵陈稚叔、颍阴荀淑、长社钟皓。少府李膺宗此三君，常言荀君清识难尚，陈钟至德可师。』（世说新语德行篇注引）

又后汉书韩韶传云：

『卒官。同郡李膺、陈寔、杜密、荀淑等为立碑颂焉。』

由这些记载，我们可以知道，李膺不仅以荀淑为师，他还和钟皓、韩韶有师友的关系。这样，李膺、王畅的思想来源必出自荀淑、钟皓等人，也就可明白了。

不仅反宦官运动的领袖李膺、王畅是荀淑的弟子，荀淑的子侄也直接参加了反宦官运动。如荀淑的儿子荀爽，兄子荀昱、荀昙都在党锢之列。荀爽在当时声名极高，他和李膺交谊至厚，和李膺的关系也在师友之间。荀昱、荀昙，据后汉书荀淑传云：

『昱为沛相，昙为广陵太守。兄弟皆正身疾恶，志除阉宦。其支党宾客有在二郡者，纤罪必诛。昱后共大将军窦武谋诛中官，与李膺俱死。昙亦禁锢终身。』

他们更是积极与宦官斗争者。由荀氏子弟参加反宦官运动，更可证明反宦官运动的思想渊源是出自颍川。自桓灵以后至于魏，颍川荀、钟、陈几家成为名族，也可推知，就因为他们是反宦官运动领导者的缘故。

海内先贤传谓『颍川先辈为海内所思者』有陈稚叔、荀淑、钟皓。他们为『海内所思』，由此可以体会到他们的思想所影响的范围和深度，确实不小。他们的思想能成为反宦官运动的领导思想，实不仅由于李膺、王畅等而已，也由他们的思想原即有相当的势力。

然则，汝颍学派的内容究竟怎样？风格究竟怎样？由于现在所遗存关于他们的材料太少，其详细的情形，我们已难知道了。不过其大致的轮廓，主要的要点，尤其成为魏晋清谈思想渊源的几点，我们是可以考见的。

张升批评这一派说：『汝颍巧辩。』巧辩应该就是这一派表现于外面的风格。然则巧辩两字应作怎样的解释？是不是就是说辩？这当然不是的。我们觉得张升称这一派为巧辩，乃因为这一派是讲议论的。后汉书荀淑传云：

『少有高行，博学而不守章句，多为俗儒所非。』

是荀淑也在经学方面只讲大义而又兼通百家的。因为他只讲大义，不守章句，所以他论重于思想义理之推究，因之倏而为议论。何劭荀粲别传云：『粲诸兄并以儒术论议，而粲独好言道。』（魏志荀彧传注引）粲是荀彧子，是淑之曾孙，他们弟兄都以儒术论议为业，由此可以推知他们的家学是尚儒术论议的。又由荀爽、荀悦的学问，我们也可以证明这一点。不过，这一派虽也只讲大义又兼通百家，但和崔骃、崔瑗、马融、张衡等实略不同。即这一派不讲辞赋。自后汉以至魏晋文学如此兴盛，而颍川荀氏、钟氏、陈氏，没有一个以诗赋文章著名的，就由于这个道理。

这一派思想最主要的要点，也就是后来成为清谈思想的渊源和骨干的，就是他们首先提出了识、理、人伦。此外他们又主张法治。总括地说，他们是想融汇儒道法三家的思想。

过去学者论清谈思想都未提到识。我们觉得，魏晋清谈家对于识是看得很重的。何劭荀粲别传云：

『粲与（傅）嘏善。夏侯玄亦亲。常谓嘏、玄曰：「子等在世涂间，功名必胜我，但识劣我耳。」嘏难曰：「能盛功名者，识也。天下孰有本不足，而末有余者邪？」粲曰：「功名者，志局之所奖也。然则志局自一物耳，固非识之所独济也。我以能使子等为贵，然未必齐子等所为也。」』

这里，荀粲很骄傲地自以为有识，而傅嘏也认为识是一切之根本，可见清谈家是以识为重的。此外，我们又可看到许多清谈家有识的记载：

『陈谌字季方，寔少子也。才识博达。』（世说新语 德行篇注引海内先贤传）

『陈群字长文，祖寔尝谓宗人曰：「此儿必兴吾宗。」及长，有识度。』（世说新语 德行篇注引魏书）

『王朗每以识度推华歆。』（世说新语 德行篇）

『乐广字彦辅，南阳人。清夷冲旷，加有识理。』（世说新语 言语篇注引虞预晋书）

『王澄字平子，有达识。』（世说新语 言语篇注引晋诸公赞）

『卫玠颖识通达，天韵标令。』（世说新语 言语篇注引卫玠别传）

由这些记载，我们更可以知道清谈家确以有识为贵。

这个『识』字之提出，而且重视它，我们觉得，最早就是荀淑。李膺推崇荀淑云：『荀君清识难尚。』由这句话可知荀淑必识见甚高。而识由他首先提倡，也由此可以推知。又李膺这样推崇荀淑，可见李膺自己也必以有识为贵。陈谌、陈群都是颍川人，而与荀氏及李膺等有密切关系的，他们都有『识度』，可知自荀淑、李膺以后，贵识即成为一种风气。

荀淑、李膺等揭举出识，在后汉学术上，不能说不是个创见，在荀淑以前，和他同时的时代，是名物、章句、阴阳、谶纬之学的势力笼罩着的时代。这种学问是谈不到什么见识的。荀淑在这样的时候，首先提倡贵『识』，实可以说是个大胆的举动，是个革命的举动。他『多为俗儒所非』，由此也可知其原因了。

荀淑提出贵识，也是他学问的必然结果。他即不守章句而言大义，又博通百家，他的学问自然趋向于理论和思想的探讨。这种研究思想理论的学问，非有高深的见识不可。同时这种学问也必然地会养成有见识。

清谈哲学，尤其何晏、王弼的思想，乃是唯理的哲学，他们主要的是要发明易老的自然之理。（详后）这种辨理的开端，我们觉得，似乎也以颍川一派为最早。后汉书韩韶传云：

『子融，字元长。少能辨理，而不为章句学。声名甚盛。』

后汉时代关于辨理的记载，似乎以这一条为最早，这也许由于不佞浅识的缘故。这里，我们所要推究的韩融『少能辨理』，他的学问的渊源从何而来？我们觉得，韩融这种辨理之学即从颍川这一学派的学风中培育出来的。韩融是韩韶子，颍川舞阳人。他的名辈较荀淑略晚，而与李膺、荀爽等同。但他的父亲韩韶则和荀淑、陈寔、李膺等相知友善。可知他也是这一学派里的人。他的辨理之学必受了荀淑等之启发，由此可知。

这种辨理之学，也是他们学问的必然结果。因为他们所讲的是儒术大义和诸子百家，必然的是思想理论。不过，他们所探讨的『理』未必即是易老之『理』。可是这种辨理之学，我们觉得却是后来何、王易老之学的滥觞。由这种辨理之学转而为汉魏之际的名理之学，由名理之学再产生为何、王的易老之学，这中间的变迁脉络，我们是可以看出的。

自后汉中叶直到魏晋南北朝，极重人伦鉴识。在这一时期里，清谈名士几无不以能知人为高。这件事，我们觉得，不特造成了所谓『名士』的『风度』，而且间接地还影响了政治和社会。这种人伦鉴识之提倡，也是由荀淑等开始的。后汉书荀淑传云：

『少有高行，博学而不好章句，多为俗儒所非，而州里称其知人。』

后汉时代最名为善人伦的是郭林宗和许劭、许清等，但他们名辈都后于荀淑。林宗只和淑子爽同年。荀淑在郭林宗以前，就以和人著名，可见人伦之学，实以他为最早。郭林宗等乃是受他的影响的。所谓知人还不仅识人而已，还要『拔士』。而所谓『拔士』者，又不只是政治上选用人才，而且还奖掖后进和教化可教化的人。这样拔士者，似乎也以荀淑为最早，至少在我所见到的文字记载上是如此。先贤行状云：

『荀淑，字季和，颍川颍阴人也。所拔韦褐刍牧之中，执案刀笔之吏，皆为英彦。』

自荀淑之后，这种人伦鉴识之学便很快地成为一种很兴盛的学问。如郭林宗、许劭、许清、贾伟节、何颙、边让、司马徽、荀彧、陈群，都是知人著名的，其他更不可胜数。

此种人伦鉴识，一望可知，是出于儒家的尚贤论。治理国家，必须选用贤人。贤人何由可知？这便不能不有卓识了。清谈名士把人伦鉴识看得那么高，原因即在于此。后汉时代儒学那样发达，贤人政治的思想本极兴盛，政治上帝王宰相也极力征辟礼遇『贤德』之士。这种思想环境便是产生这种人伦之学的一个原因。

他们提倡人伦鉴识，然则他们所想望的贤人是怎样的人呢？换句话说，他们所理想的人格是怎样的呢？我们觉得，他们所理想的最高的人格还是道家的人物。后汉时有黄宪其人，后汉书记其事云：

『黄宪字叔度，汝南慎阳人也。世贫贱，父为牛医。颍川荀淑至慎阳，遇宪于逆旅，时年十四，淑竦然异之，揖与语，移日不能去。谓宪曰：「子，吾之师表也。」既而前至袁宏所。未及劳问。逆曰：「子国有颜子，宁识之乎？」宏曰：「见吾叔度邪。」是时，同郡戴良才高倨傲，而见宪未尝不正容，及归，罔然若有所失也。其母问曰：「汝复从牛医儿来邪？」对曰：「良不见叔度，不自以为不及；既睹其人，则瞻之在前，忽焉在后，固难得而测矣。」同郡陈蕃、周举常相谓曰：「时月之间，不见黄生，则鄙吝之萌，复存乎心。」及蕃为三公，临朝叹曰：「叔度若在，吾不敢先佩印绶矣。」……郭林宗少游汝南，先过袁宏，不宿而退。进往从宪，累日方还。或以问林宗。林宗曰：「奉高之器，譬诸氿滥，虽清而易挹。叔度汪汪若千顷陂，澄之不清，淆之不浊，不可量也。」』

黄叔度这个人，荀淑以为他可以为自己的师表，陈蕃谓若黄叔度在，自己不敢为三公，而恃才傲物，以孔子、大禹自居的戴良，更奉他为圣人。他们这样地推崇黄叔度，则黄叔度应该是他们理想的人物了。换句话说，他们所理想的典型的人格，应该是像黄叔度这一类型的人了。然则，黄叔度究竟是怎样的人物？他为当时最著名的名士如此倾倒折服者，究竟在什么地方？戴良说他『难得而测』，郭林宗说他『不可量也』。清谈家中第一流名士，人家往往以不可测称道他。如王昶称阮籍：『自以为不能测也。』（晋书阮籍传）王衍称汉山涛：『晻晻为与道合，其深不可测。』（世说新语德行篇注引文士传）由此可知『不可测』的人格，便是他们所理想的人格的典型了。这种『不可测』的人物，实是道家所理想的人物。这是出之于老子。老子云：

『古之善为士者，微妙元通，深不可识。夫唯不可识，故强为之容；豫兮若冬涉川，犹兮若畏四邻，俨兮其若容，涣兮若冰之将释，敦兮其若朴，旷兮其若谷，混兮其若浊。』

这里所谓的『微妙元通，深不可识』的人物，岂不很明显的就是清谈家所想望的『深不可测』的人物。

然则，这种『深不可测』的人物，何以为高呢？汉晋清谈家认为这种『深不可测』的人物便是与道合而为一的。王衍称山涛：『晻晻为与道合，其深不可测。』由这句话，就可知道王衍实以山涛是与道相合一的人物。又后汉书黄宪传论云：

『黄宪言论风旨，无所传闻，然士君子见之者，靡不服深远，去瑕疵。将以道周性全，无德而称乎。余曾祖穆侯（范晔曾祖范汪）以为宪隤然其处顺，渊乎其似道，浅深莫臻其分，清浊未议其方。若及门于孔氏，其殆庶乎。』

由范汪这段议论可知，黄宪之所以为人所推服，也就因为他『渊乎其似道』的缘故。道为『万物之宗』而又深远不可知，一个人与道合一，自然就是『与天地合德』的圣人了，何不可贵。

不过，在汉晋清谈家心目中，这样与道合一的人物，却只有孔子。颜渊称叹孔子云：『仰之弥高，钻之弥坚，瞻之在前，忽焉在后。』何晏注：『仰之弥高，钻之弥坚，言不穷尽。瞻之在前，忽焉在后，言恍惚不可为形象。』这显然，何晏是视孔子为深远不可名言的人格。又戴良称赞黄叔度为『瞻之在前，忽焉在后，固难得而测矣』，也是以黄叔度是类于孔子的人物。反过来说，他也是以孔子为深不可测的。

又汉晋以来，称道贤德之士，往往称之为颜子。如荀淑称黄叔度为颜子，南阳太守某称朱穆为颜回，（后汉书朱穆传注引谢承书）郭奕称羊祜：『今日之颜子也。』（晋书羊祜传）诸如此类记载，不胜枚举。他们所以拟人于颜回，也就因为颜回在孔门之中，是仅次于孔子的人物。他虽未能如孔子一样与道合一，但却最能体道。易系辞：『颜氏之子，其殆庶几乎。』韩康伯注云：

『几者，神妙也。颜子知微，故殆庶几。孔子曰：「回也，其庶几乎。」』

颜子知微体道，是汉晋人一般所公认的。他们不敢自比于孔子，所以想望于颜回。这里，我们可以看到一个事实，即他们所理想的人格是老子所理想的人格，而这一人格的具体人物又是孔子。由此可知，荀淑、李膺等的思想已是合儒道为一的了。

他们理想的最高的人格是『微妙元通，深不可识』的人格。我们觉得，后来清谈名士的所谓『风仪』，至少有一部分，即由此而产生的。这种『微妙元通，深不可识』的神情态度，老子说可以勉强的形容是：

『豫兮若冬涉川，犹兮若畏四邻，俨兮其若容，涣兮若冰之将释，敦兮其若朴，旷兮其若谷，混兮其若浊。』

清谈名士想望深不可识的人物，模拟这种神态，于是成为似痴非痴、似狂非狂的『名士风度』。

这种人伦鉴识既经荀淑等提出以后，很快地便成为一种极盛的风气。『知人则哲』识别人物，总非易事。怎样识别人才，当时必成为一种学问，有它的理论，可惜，我们关于这方面的材料太少，已不能知其详。我们觉得，脍炙于魏晋清谈家之口的才性异同离合之论即才性之本，即由此而来的学问。

尤其重要的，我们觉得，影响魏晋政治社会甚巨的陈群创制的九品官人法，也是由这种人伦鉴识而来的。从制度本身上，我们实际找不出九品官人法的根源。九品官人法以中正一人而品评一地人才的高低优劣，这显然是受了人伦鉴识的风气的影响和以它为基础而形成的。又中正选拔人才、品评人才时，也有所谓『题目』，这正是清谈家评定人才的办法。九品官人法因受人伦鉴识的影响而成立，由此更明白可见。

在颍川这一派的思想里，还有法家的成分。如钟皓『兴善刑律』（后汉书 钟皓传）。陈纪曾论汉除肉刑之非，荀悦、申鉴也有法治的思想，这皆可以推知他们的家学里有法家的思想。不过这种法家的思想在他们的思想上还未占重要的地位。他们的思想，主要还是儒家，次之为道家。

最后我们想说一说这种思想发生的社会和政治背景。不过，这里我们只简单地提一下，只说明这种思想发生的原因，其详细的情形，以后有机会再说。

后汉的政治总括一句说，始终是在豪族和外戚宦官三种势力的斗争中。外戚宦官是依附寄生于帝王的势力。豪族则即是官僚地主。这两种势力争夺政权，不管谁胜谁负，其结果都同样是对人民的剥削日渐加深，人民的生活日渐困苦。

后汉初数十年间，大概地说，是豪族得势的时候。光武帝刘秀最初起兵推翻王莽，虽是借着农民的力量，但他最后背叛刘盆子而夺得政权，却全依靠豪族的势力。这我们只要看他的

『功臣』大多出身于著姓豪强和王莽时代的官僚即可知道了。如寇恂为昌平著姓，李通为南阳著姓，来歙、父仲哀帝时为谏大夫，冯异为颍川郡掾，耿况为朔调连率（即上谷太守），铫期为桂阳太守，在他的功臣中，最低的也出于县吏。刘秀既借豪族夺得政权，政治上自然豪族最占势力。因为政治上官僚豪族占势力，政策的实施便不得不满足他们的要求。这中间最重要的，就是提倡儒术，尊崇士人。提倡儒术本是统治者巩固自己政权的政策，但这也巩固了官僚士人在政治上的地位。又因为这样，此后的数十年，官僚豪族便直线地向上发展着。

可是，这种政治形势，到了和帝刘肇时代，就逐渐改变了。这就是政治上有两种新的势力兴起，即外戚和宦官。这两种势力……

（后文残缺）

高齐为鲜卑人考

北齐书神武纪云：

『齐高祖神武皇帝，姓高名欢，字贺六浑，渤海蓨人也。六世祖隐，晋玄菟太守。隐生庆，庆生泰，泰生湖，三世仕慕容氏。及慕容宝败，国乱，湖率众归魏，为右将军。湖生四子，第三子谧，仕魏位至侍御史，坐法徙居怀朔镇。谧生皇考树（魏书名『树生』）……神武既累世北边，故习其俗，遂同鲜卑。』

是高齐本为中原世族，而鲜卑化者也。然细考各史，实有启人疑窦，而有待于发覆者：

一　高齐鲜卑化太深，似非短时所能有

1.高齐诸帝用鲜卑名字。神武字贺六浑，文宣名侯尼于（北史齐本纪），武成字步落稽（北齐书永安王浚传）是也。

2.高齐诸帝皆能鲜卑语。高祖申令三军，常鲜卑语。（北齐书高昂传）下逮文襄文宣，其母娄太后为鲜卑人，而大臣多鲜卑人，常有鲜卑聚语，（北史王昕传），自亦能鲜卑语矣。

3.高欢初起所将皆鲜卑兵。北史薛孝通传云：

『孝武帝即位后，神武方得志，征贺拔岳为冀州刺史。岳惧，欲单马入朝。孝通乃谓岳曰：

「高王以数千鲜卑破尔朱百万之众，其锋诚亦难敌。……」』

又北齐书高昂传云：

『高祖讨尔朱兆于韩陵，昂自领乡人部曲王桃汤、东方老、呼延族等三千人。高祖曰：「高都督纯将汉儿，恐不济事。今当割鲜卑兵千余人共相参杂，于意如何？」昂对曰：「敖曹所将部曲，练习已久，前后战斗，不减鲜卑。今若杂之，情不相合，胜则争功，退则推罪。愿自领汉军，不烦更配。」高祖然之。』

4. 北齐诸帝淫纵残虐，与石虎、符生、赫连勃勃等同科。（详廿二史札记卷十五）

5. 北齐宗室诸王亦多鄙陋无知凶暴无人理。北齐书高祖十一王传云：

『齐氏诸王，选国臣府佐，多取富商群小、鹰犬少年。』

又北齐书文襄六王传云：

『安德王延宗，文襄第五子也。母陈氏，广阳王妓也。延宗幼为文宣所养，年十二，犹骑置腹上，令溺己脐中，抱之曰：「可怜止有此一个。」问欲作何王，对曰：「欲作冲天王。」文宣问杨愔，愔曰：「天下无此郡名，愿使安于德。」于是封安德焉。为定州刺史，于楼上大便，使人在下张口承之。以蒸猪糁和人粪以饲左右，有难色者鞭之。……又以囚试刀，验其利钝。骄纵多不法。』

又北齐书文宣四王传云：

『范阳王绍义，文宣第三子也。初封广阳，后封范阳。历位侍中、清都尹。好与群小同饮，擅置内参，打杀博士任方荣。』

北齐书文宣四王传又云：

『陇西王绍廉，文宣第五子也。初封长乐，后改焉。性粗暴，尝拔刀逐绍义。』

又北齐书武成十二王传云：

『南阳王绰，字仁通，武成长子也。……绰始十余岁，留守晋阳。爱波斯狗，尉破胡谏之，欻然斫杀数狗，狼藉在地。破胡惊走，不敢复言。后为司徒、冀州刺史，好裸人，使踞为兽状，纵犬噬而食之。左转定州，汲井水为后池，在楼上弹人。好微行，游猎无度，恣行情强暴，云学文宣伯为人。有妇人抱儿在路，走避入草，绰夺其儿饲波斯狗。妇人号哭，绰怒，又纵狗使食，狗不食，涂以儿血，乃食焉。后主闻之，诏锁绰赴行在所。至而宥之。问在州何者最乐。对曰：「多取蝎，将蛆混看极乐。」后主即夜索蝎一斗，比晓得二三升，置诸浴斛，使人裸卧斛中，号叫宛转。帝与绰临观，喜噱不已，谓绰曰：「如此乐事，何不早驰驿奏闻。」』

北齐书神武纪所谓『累』世北边，自指高谧坐法徙居怀朔镇以后，若谓系渤海高氏之未南迁江左，留居中原者，则不应虏化。盖高氏虽三世仕慕容氏，而慕容所王之地，乃我国之中原，且慕容氏固推崇汉化者也。五胡乱华以后，中原虽为异族所据，但中原礼法，犹未尽泯。是以下逮魏世，汉族之居北方者，甚少虏化之迹。尤以北方世族，除与当时之统治者，有婚姻之关系外，一切习尚，多未变华风。怀朔为魏北边军镇，地与蠕蠕、契丹相接，居民多鲜卑及契丹、高车之降户，又远在塞外，为中原文化所不及，故其风俗习惯，犹是胡风。汉人徙居其地者，与胡虏杂处，乃浸润而习其俗，事自可能。特高谧果何时徙居北边，据魏书刑法志及北史源贺传，北魏之流罪人于北边，实始于和平末源贺上书以后，谧若果以罪徙，最早为和平六年，谧卒于延兴二年，则最晚不得过延兴二年。自和平六年下至高欢之生年（太和二十年），计三十三年，即自延兴二年下至欢生，亦为时二十五年，时间亦不为不久；而高谧又未及见欢，谧虽出身世族，对于高欢实毫无影响。高欢虏化，似有可能。又北齐书神武纪云：

『神武生而皇妣韩氏殂，养于同产姊婿镇狱队尉景家。』

高欢生而母即卒，是欢亦未尝受其母之影响。其母为汉为鲜卑，不得而知，纵为汉人，除于欢天赋之气质上稍有关系外，对于其习俗，实无影响，故亦无碍其虏化。

然据魏书，高谧实以功名终，未尝以罪徙也。魏书高湖传云：

『第三子谧，字安平，有文武才度。天安中，以功臣子召入禁中，除中散，专典秘阁。肃勤不倦，高宗深重之，拜秘书郎。谧以坟典残缺，奏请广访群书，大加缮写。由是代京图籍，莫不审正。显祖之御宁光宫也，谧恒侍讲读，拜兰台御史。寻转治书，掌摄内外，弹纠非法，当官而行，无所畏避，甚见称赏。延兴二年九月卒。』

高氏果何由而鲜卑化耶？

二　高欢宗室未尝北迁者习俗亦同鲜卑

魏书高谧传云，谧有二子：『长子树生，即欢父，次子翻。』细察此二人，似已鲜卑化甚深。汉族之俗，士人皆有名有字，而名字所用之字，又必择其有意义不俚俗者。树生有名无字，似已非汉之世族；翻则字飞雀二字，至为鄙俚，更为汉人所决无，而与夷狄无异。考自五胡以至北朝，夷狄之族，多有以禽兽命名或字者。如元孔雀、元羯儿、车金雀、破六韩孔雀、庞苍鹰、赵青雀，是以禽兽为名者也；慕容冲小字凤凰、宇文泰字黑獭、刘雄字猛雀，是以禽兽为字者也。汉人诚亦有以禽兽命名者，然必取其有意义而又不俗者，如龙、虎、彪、骏、骅、骝、麟、鸿、鹍等等。其鄙俚之字，如牛、狗等字，只庶姓之家，用为小儿之乳名，及长亦必更改。翻字飞雀，实属可疑。

再自气质上言之，魏书高树生传云：

『树生性通达，重节义，交结英豪，不事生产。』

魏书高翻传云：

『翻亦以器度知名。』

树生与翻二人但皆甚粗豪，而与高谧之博学多文，迥不牟矣。

树生弟兄尚可诿为业已北徙也。然据魏书高湖传所述，高欢从父行者，有仁、拔、睹儿、徽、猛虎、盛、陁、兴等八人。睹儿、猛虎，一望而知其非汉人之命名，而徽小字苟儿、陁字难陁，亦非汉人之字。魏书高睹儿传又云：『（睹儿）臂力过人，尤善弓马。』更可知其虏化甚深。北齐书神武纪但云：『湖生四子，第三子谧……坐法徙居怀朔镇。』是湖四子仅谧一人徙居北边，其他三人皆未北徙，实甚明白。魏书高睹儿传云：『显祖时，羽林幢将。皇兴中，主仗令。高祖初，给事中，累迁散骑常侍、内侍长。坐事死。』

睹儿仕于京中，直至其死，更足证其未尝北徙。睹儿等既未尝北徙居北边，则何由虏化？更何以虏化若此之深？

三　高氏世系不明，树生盖非高谧子

高齐出自渤海，其说始于魏书高湖传，北齐书北史因之。然细加考究，其中实多凿枘，北齐书云：『湖生四子，第三子谧。』魏书高湖传亦云：『湖有四子』，是湖子四人必无疑义。而四人长幼之序，据魏书高湖传所述，为真、各拔、谧、稚。但魏书高湖传又有拔、睹儿、徽兄弟三人。孙人龙曰：

『按传无拔事。而载弟睹儿，不知拔何人也。或疑北齐书赵郡王琛传，琛子叡小名须拔，当系叡弟。但叡生三旬而孤，未必有弟。又叡于武宗末，为太子庶子。而睹儿于皇兴中，早为主仗令。相隔数十年。今以下文阳川县开閅国公永乐推而上之。似賭儿乃永乐祖，而拔其伯祖也。永乐为神武从兄子。是拔与賭儿皆神武从父行。』

按北齐书平秦王归彦传云：『平秦王归彦……神武族弟也。父徽。』北齐书阳州公永乐传又云：『阳州公永乐，神武从祖兄子也。』阳州公永乐祖为賭儿，为之从祖，而徽为观之族父，是賭儿与徽为兄弟，其说与魏书异。拔等为高欢之从父，则拔父为欢之从祖，然则拔父究为何人？观魏书叙述之次第，首谧，次真，次拔兄弟，次各拔，次稚。各拔及稚之下，各系其子弱孙，则拔等决非各拔或稚之子。其叙拔等之次第虽在其后，而真之子孙，亦叙述明白，未言拔等为真之子。拔等既非真或各拔或稚之子，则其父必另为一人。然魏书高湖传明言湖仅有四子，今忽又有拔父，则为五人矣。两者岂非相矛盾？

又云：

『（谧）延兴二年九月卒，时年四十五。』

魏书高湖传云：

『（树生）孝昌二年卒，时年五十五。』

自孝昌二年上推五十五年，适为延兴二年，是树生生年即谧之卒年。谧卒而树生生，事自可能。但树生为谧之长子，则谧前此必无子。谧四十五岁始有子，未免得子太晚。考南北朝时，男女结婚及生子之年龄皆甚早，有年十三四即生子者。（参看廿二史札记卷十五）而谧何竟至四十五岁始有子？且树生有弟名翻，树生生年，谧即去世，树生更何能有弟？诸史既未言二人孪生，若云一年之中，而生二子，则又为事实所必无。且谧四十五岁前无一子，而一年之中，忽生二子，岂非可怪？树生非高谧子，实极显著。或者高谧确有其人，曾坐罪徙之北边。魏收欲附会其君于世族，乃因高谧之徙居北边，而强谓树生为其子。然谧兄弟四人，而树生父则兄弟五人，二者不相符合。收乃将拔父匿而不言，故为含糊之词，以相欺隐。

北齐书高隆之传云：

『高隆之，字延兴，本姓徐氏，云出自高平金乡。父乾，魏白水郡守，为姑婿高氏所养，因从其姓。隆之贵，魏朝赠司徒公、雍州刺史。隆之后有参议之功，高祖命为从弟，仍云渤海蓨人。』

是高隆之本姓徐，因为姑婿所养，而改姓高，后以参议之功，高欢始命为从弟，初与高齐无关。而魏收叙高隆之之世系，则云湖弟恒，恒子道，道子乾，乾子隆之。而于隆之本姓徐及高欢命为从弟之事，竟只字不及，似隆之确出于渤海而为高欢之从弟者。魏收为高隆之虚构世系，益足明魏书高湖传之不可信。

北史高允传云：

『高允字伯恭，勃海蓨人，汉太傅裒之后也。曾祖庆，慕容垂司空。祖父泰，吏部尚书。父韬，少以英朗知名。』

魏书高允传云：

『高允，字伯恭，勃海人也。祖泰，在叔父湖传。父韬，少以英朗知名。』

据此，高欢与高允应为一家，而允为欢之从祖。允在魏，官至尚书、散骑常侍，封咸阳郡公。允德望之隆，为一代最，既为孝文帝所敬重，而其为人，又至仁厚，族党姻戚有急者，莫不乐为赒济。其稍有才行者，则竭力提掖。北史高遵传云：

『遵字世礼。贱出，其兄矫等常欺侮之，及父亡，不令在丧位。遵遂驰赴平城，归允。允为作计，乃为遵父举哀，以遵为丧主，京邑无不吊集，朝贵咸识之。徐归奔赴。免丧后，为营宦路。遵感成益之恩，事允如诸父。』

北史高聪传云：

『聪生而丧母，祖母王氏抚育之。大军攻克东阳，聪徙平城，与蒋少游为云中兵户，窘困无所不为。族祖允视之若孙，大加赒给。聪涉猎经史，颇有文才。允嘉之，数称其美，言之朝廷，由是与少游同拜中书博士。』

北史高允传云：

『性简至，不妄交游。献文之平青、齐，徙其族望于代。时诸士人，流移远至，率皆饥寒。徙人之中，多允姻媾，皆徒步造门。允散财竭产，以相赡振，慰问周至，无不感其仁厚。又随其才能，表奏申用。』

由是可知，高允对于宗族姻戚关怀之切。北齐书神武纪云：

『家贫，及聘武明皇后，始有马，得给镇为队主。』

又北齐书娄皇后传云：

『神武明皇后娄氏，讳昭君，赠司徒内乾之女也。少明悟，强族多聘之，并不肯行。及见神武于城上执役，惊曰：「此真吾夫也。」』

高欢少时执役于城上，力不能购马，其家贫可知。允于从子遵、族孙聪，以至姻媾，皆散财赡振。表奏申用，欢与允关系不疏于聪，何允竟之不显？允卒于太和十一年，欢生于太和二十年，允诚未及见欢，然允必及见欢父树生，允何亦不加赒给？魏书高湖传云：

『树生性通达，重节义，交结英雄，不事生产，有识者并宗奇之。蠕蠕侵掠，高祖诏怀朔镇将、阳平王颐率众讨之，颐假树生镇远将军、都将，先驱有功。……孝昌初，北州大乱，诏发众军，广开募赏。以树生有威略，授以大都督，令率劲勇，镇捍旧藩。』

始谓树生曾为镇远将军、大都督，地位甚高，无需允之赒给。然则树生既仕宦显达，则其子不应贫不能马，更不应为城上役卒。是知树生为镇远将军、大都督，乃魏收欲为其君光宠，向壁虚构。

四　高齐非出渤海而出代北

证明高齐与渤海高氏之关系者，有北史高乾传云：

『齐神武出山东，扬声以讨乾为辞，众情惶惧。乾谓之曰：「高晋州雄才盖世，不居人下。且尔朱弑主肆虐，正是英雄效节之时，今者之来，必有深计。勿忧，吾将诸君见之。」乃间行，与封隆之子子绘，俱迎于滏阳。因说神武曰：「尔朱氏酷逆，痛结人神，凡厥生灵，莫不思奋。明公威德素著，天下倾心，若兵以忠立，则屈强之徒不足为明公敌矣。鄗州虽小，户口不减十万，谷秸之税，足济军资。愿公熟详其计。」神武大笑曰：「吾事谐矣！」遂与乾同帐而寝，呼乾为叔父。乾旦日受命而去。』

北史高昂传云：

『神武至信都，开门奉迎。昂时在外略地，闻之，以乾为妇人，遗以布裙。神武使世子澄以子孙礼见之，昂乃与俱来。』

北史李元忠传云：

『庄帝幽崩，元忠弃官，潜图义举。会齐神武东出，元忠便乘露车载素筝浊酒以奉迎。神武闻其酒客，未即见之。元忠下车独坐，酌酒擘脯食之，谓门者曰：「本言公招延俊杰，今闻国士到门，不能吐哺辍洗，其人可知。还吾刺，勿复通也。」门者以告，神武遽见之。引入，觞再行，元忠车上取筝鼓之，长歌慷慨。歌阕，谓神武曰：「天下形势可见，明公犹欲事尔朱乎？」神武曰：「富贵皆由他，安敢不尽节。」元忠曰：「非英雄也。高乾邕兄弟曾来未？」是时，高乾邕已见神武，因绐曰：「从叔辈粗，何肯来？」元忠曰：「虽粗并解事。」神武曰：「赵郡醉！」使人扶出，元忠不肯起。孙腾进曰：「此君天遣来，不可违也。」神武乃复留与言，元忠慷慨流涕，神武亦悲不自胜。元忠进从横之策，深见嘉纳。』

高欢呼高乾为叔父，高澄以子孙礼见高昂，似皆足明高齐与渤海高氏确系一家。但北齐书高乾传云：

『高祖出山东，扬声来讨，众情莫不惶惧。乾谓其徒曰：「吾闻高晋州雄略盖世，其志不居人下。且尔朱无道，杀主虐民，正是英雄效义之会也。今日之来，必有深计，吾当轻马奉迎，密参意旨，诸君但勿忧惧，听我一行。」乾乃将十数骑于关口迎谒。乾既晓达时机，闲习世事，言辞慷慨，雅合深旨。高祖大加赏重，仍同帐寝。』

北齐书李元忠传云：

『庄帝幽崩，元忠弃官还家，潜图义举。会高祖率众东出，便自往奉迎。乘露车载素筝浊酒以见高祖，因进从横之策，备陈诚款，深见嘉纳。』

其词与北史略同，而『呼乾为叔父』及『从叔辈粗』二语独无有，北齐书高昂传亦无『神武使世子澄以子孙礼见之』之事，可知高欢认高乾为叔父，其事有无，甚属可疑。殆李延寿故为琐细，以增其文色，想当然耳。且历观诸书，仅北史高乾传 北史高昂传 北史李元忠传有高齐认渤海高氏为同宗之记载，而无渤海高氏认高齐为同宗者。是两者必无关系。高德政为齐氏信臣，文宣篡魏，即德政所教。若高齐与渤海高氏同宗，则德政当为文宣之族弟。平秦王高归彦以神武族弟而封王，德政之与高齐，其亲不下于高归彦，何德政不封王，且不列之宗室？再者北齐书文宣纪云：

『（天保元年）诏曰：「冀州之渤海、长乐二郡，先帝始封之国，义旗初起之地。并州之太原、青州之齐郡，霸业所在，王命是基。君子有作，贵不忘本，思申恩洽，蠲复田租。齐郡、渤海可并复一年，长乐复二年，太原复三年。」』

文宣以『不忘本』而蠲复诸郡田租。渤海为高齐之丰沛，宗族、姻媾皆居于此，应特加推爱，蠲复至少应与『义旗初起』之长乐、『霸业初基』之太原等，何竟反在二郡下？且渤海之受蠲复之恩，犹非以其为帝里之故，而由于『先王始封之国』，此更足证高齐与渤海无涉。按魏书官氏志，神元时北方余部入内者有『是楼氏，后改为高氏』。高齐之高，当出于此。

然则，高齐何以托附渤海？盖南北朝时，至重门阀，士庶之别极严。人非世族，虽登显达，亦见轻于士流。是以庶人居高位者，每依华姓，以掩其寒素之差。如朱瑞本代郡人，而欲归青州朱氏（北史朱瑞传），王琚高平人也，自云本太原人（北史恩幸传）。如此类者，不一而足。乃至夷狄之种，如宝炽称扶风人，李贤称陇西人（北史），亦皆自托为世族之裔。渤海高氏为北朝之高门，高姓者诸多依附。如高肇原『出自夷土』，而自云渤海人。隋之高颖，『自言渤海蓨人』。高齐以怀朔镇卒起为帝王，耻祖先之微贱，恐见嗤于士流。魏收为其君讳，故为曲笔，盖欲崇其门阀，掩其鄙塞之羞。因高欢曾封于渤海，故亦托于蓨焉。

五　高齐自谓鲜卑人

北史齐本纪云：

『侯景素轻世子，尝谓司马子如曰：「王在，吾不敢有异；王无，吾不能与鲜卑小儿共事。」』

侯景呼高澄为『鲜卑小儿』，是已明谓其为鲜卑。然犹可曰，此系他人所呼。因高氏俗同鲜卑，故世人以鲜卑目之也。

然又有数事，颇堪注意：

（一）齐君臣口中每呼汉儿，且存贱视。北史卢勇传云：

『勇字季礼，景裕从弟也。父璧，魏下邳太守。勇初与景裕俱在学，其叔同曰：「白头（景裕小字）必以文通，季礼当以武达。兴吾门者，二子也。」……再迁阳州刺史，镇宜阳。叛人韩木兰、陈忻等常为边患，勇大破之。启求入朝，神武赐勇书曰：「吾委卿阳州，安枕高卧，无西南之虑矣。表启宜停，当使汉儿之中，无在卿前者。」』

北史 裴让之传云：

『让之第六弟谒之，字士敬，少有志节，好直言。文宣末年昏纵，朝臣罕有言者，谒之上书正谏，言甚切直。文宣将杀之，白刃临颈，谒之辞色不变。帝曰：「痴汉何敢如此！」』

北齐书 杨愔传云：

『文宣大渐，以常山、长广二王位地亲逼，深以后事为念。愔与尚书左仆射平秦王归彦、侍中燕子献、黄门侍郎郑子默受遗诏辅政，并以二王威望先重，咸有猜忌之心。初在晋阳，以大行在殡，天子谅闇，议令常山王在东馆，欲奏之事，皆先谘决。二旬而止。仍欲以常山王随梓宫之邺，留长广王镇晋阳。执政复生疑贰，两王又俱从至于邺。子默立计，欲处太皇太后于北宫，政归皇太后。……可朱浑天和又每云：「若不诛二王，少主无自安之理。」宋钦道面奏帝，称二叔威权既重，宜速去之。帝不许曰：「可与令公共详其事。」愔等议出二王为刺史。……愔等又议不可令二王俱出，乃奏以长广王为大司马、并州刺史，常山王为太师、录尚书事。及二王拜职，于尚书省大会百僚……长广旦伏家僮数十人于录尚书后室……是愔及天和、(宋)钦道皆被拳杖乱殴击，头面血流，各十人持之。使薛孤延、康买执子默于尚药局。……送愔等于御前。……太皇太后临昭阳殿，太后及帝侧立。常山王以砖叩头，进而言曰：「臣与陛下骨肉相连。杨遵彦等欲擅朝权，威福自己，王公以还，皆重足屏气。共相唇齿，以成乱阶，若不早图，必为宗社之害。臣与湛等为国事重，贺拔仁、斛律金等惜献皇帝基业，共执遵彦等领入宫，未敢刑戮，专辄之失，罪合万死。」帝时默然，领军刘桃枝之徒陛卫，叩刀仰视，帝不睨之。太皇太后令却仗，不肯。又厉声曰：「奴辈即今头落。」乃却。因问杨郎何在。贺拔仁曰：「一目已出。」太皇太后怆然曰：「杨郎何所能，留使不好耶！」乃让帝曰：「此等怀逆，欲杀我二儿，次及我，尔何纵之？」帝犹不能言。太皇太后怒且悲，王公皆泣。太皇太后曰：「岂可使我母子受汉老妪斟酌。」太后拜谢。常山王叩头不止。太皇太后谓帝：「何不安慰尔叔。」帝乃曰：「天子亦不敢与叔惜，岂敢惜此汉辈？但愿乞儿性命，儿自下殿去，此等任叔父处分。」遂皆斩之。』

北史斛律金传云：

『金曾遣人献食，中书舍人李若误奏云，金自来。武成出昭阳殿，敕侍中高文遥将羊车引之。若知事误，更不敢出映廊下。文遥还覆奏，帝骂若云：「空头汉，合杀！」亦不加罪。』

北史高昂传云：

『昂与行台侯景练兵于武牢。御史中尉刘贵时亦率众在焉。昂与北豫州刺史郑严祖握槊，贵召严祖，昂不时遣，枷其使者。使者曰：「枷时易，脱时难。」昂使以刀就枷刎之。曰：「何难之有。」贵不敢校。明日，贵与昂坐，外白河役夫多溺死。贵曰：「头钱价汉随之死。」昂怒，拔刀斫贵。贵走出还营，昂使鸣鼓会兵攻之。侯景与豫州刺史万俟受洛解之。乃止。时鲜卑共轻中华朝士，惟惮昂。』

北史韩凤传云：

『凤恒带刀走马，未尝安行，瞋目张拳，有啖人之势。每咤曰：「恨不得剉汉狗饲马！」又曰：「刀止可刈汉贼头，不可刈草。」』

（二）齐朝廷鲜卑与汉，地位不相平等。汉人不得为宿卫之官。北史祖珽传云：

『珽又附陆媪，求为领军，后主许之。诏须覆述，取侍中斛律孝卿署名。孝卿密告高元海，元海语侯吕芬、穆提婆云：「孝征汉儿，两眼又不见物，岂合作领军也？」』

高齐诸君口中每呼汉或汉儿，且存轻侮，则必其己与汉有别。其臣下贱呼汉人而不禁止，则必其己与汉无关。否则，韩凤骂汉为贼、为狗，是以臣下而侮君上，高齐之君何以能许！领军宿卫之官，必须亲信。汉儿不能作，而必鲜卑，是必彼视鲜卑为亲。非我族类，其心必异，齐氏苟为汉族，何故舍同族不用，而反托信异类？北史高德正传云：

『（齐文宣杀德正后）文宣谓群臣曰：「高德正言用汉除鲜卑，此即合杀。」』

文宣谓高德正言用汉除鲜卑为合杀，更足证其己之为鲜卑，故加偏护。北齐书废帝纪云：

『废帝殷……性敏慧……文宣每言太子得汉家性质，不似我，欲废之，立太原王。』

北齐书杜弼传云：

『显祖尝问弼云：「治国当用何人？」对曰：「鲜卑车马客，会须用中国人。」显祖以为此言讥我。』

文宣以太子殷得汉家性质不类己，以杜弼言鲜卑车马客为讥，则更能自认非汉而为鲜卑矣。

原载史学季刊第一卷第二期，1941年3月，第49—58页

马嵬驿事件的真相

关于马嵬驿事件，研究唐代历史者似很少有人注意。此事发生的原因、性质及其影响也很少有人道及。实际这乃是唐代政治史上一件带有关键性的重要的事，是唐玄宗李隆基时期统治集团内部权力斗争的结果，也是唐代统治集团内部权力转移的转折点。由于当时统治者要掩盖事实，散布谎言，旧史记载曲笔，乃致使此事的真相不完全明了。

这里，最主要的是这次事件策划主使者是谁。此事的发动者旧史都说是陈玄礼。我们从前后事实看，这种说法是难以置信的。

马嵬驿事件的发生是在唐玄宗李隆基从长安逃出后的第二天。此时安禄山虽已破潼关，但唐的力量还是很强大的，皇帝的威望也还没有丧失。用武力杀戮大臣，胁迫天子，这是何等重大的事！陈玄礼不过是区区禁军将领，在政治上既没有很大的权力，也没有多高的地位，他有这样大的能耐吗？他敢于发动这样重大的兵变吗？在专制时代，以兵逼迫皇帝，杀大臣，乃是反叛，是『大逆不道』，是莫大之罪。如果这次事件是陈玄礼发动的，他应受到严厉的惩罚。李隆基不但没有处罚他，而且他还随李隆基入蜀，后又随李隆基回长安，始终在李隆基左右，为李隆基所信任。这不是令人费解吗？所以我认为此事与陈玄礼必无关系。

这次事变实是李亨、李辅国等策划和发动的。最主要的是李辅国。新唐书李辅国传：

『陈玄礼等诛杨国忠，辅国豫谋。』

旧唐书杨贵妃传：

『及潼关失守，从幸至马嵬驿，禁军大将军陈玄礼密启太子，诛国忠父子。』

旧唐书韦见素传：

『翌日次马嵬驿，军士不得食，流言不逊。龙武将军陈玄礼惧其乱，乃与飞龙马家李护国谋于皇太子，请诛杨国忠以慰士心。是日，玄礼等禁军围行宫，尽诛杨氏。』

资治通鉴：

『陈玄礼以祸由国忠，因东宫宦者李辅国以告太子。』

这都明白地说马嵬驿事变是李辅国预谋，李亨同意的。它反映了李亨和杨国忠之间的斗争。由此可知李亨是这一事件的后台。照这些记载，似乎此事最初发起的是陈玄礼，后才谋之于李辅国，告知李亨。这也是曲笔。如果陈玄礼是此事的始谋者，则他应是李亨、李辅国一派，而且有功于李亨。为什么李亨、李辅国北走时，他不随之而去，而从李隆基入蜀呢？可知陈玄礼实没有参预其事。

马嵬驿事变发生以后，次日，李隆基起程往蜀，李亨分兵北走。此事旧史都说是百姓请求李亨留下来的。旧唐书玄宗纪：『及行，百姓遮路乞留皇太子，愿勠力破贼，收复京城。因留太子。』旧唐书肃宗纪：『车驾将发，留上在后宣谕百姓。众泣而言曰：「逆胡背恩，主上播越。臣等生于圣代，世为唐民，愿勠力一心，为国讨贼，请从太子收复长安。」玄宗闻之，曰：「此天启也。」乃令高力士与寿王瑁送太子内人及服御等物，留后军厩马从上。』这些记载也都是不足信的。旧唐书李辅国传：

『禄山之乱，玄宗幸蜀，辅国侍太子，扈从至马嵬。诛杨国忠，辅国献计太子，请分玄宗麾下兵北趋朔方，以图兴复。』

新唐书李辅国传：

『陈玄礼等诛杨国忠，辅国豫谋。又劝天子分中军趋朔方，收河陇兵，图兴复。』

旧唐书肃宗张皇后传：

『李靖忠启太子请留，良娣赞成之。』

这都明白地说明这是李辅国策划的，张良娣也赞成。这是他们要分兵北走，不是百姓的要求。百姓请留之说也是史书曲笔。

马嵬驿事变以后，李亨、李辅国等何以不随李隆基赴蜀而要北往朔方呢？就是因为这件事是他们发动的。他们杀杨国忠和杨贵妃，是以武力迫胁皇帝。因此他们决不能再与李隆基同行，而必须要与他分道扬镳，另寻出路，树立自己的势力。他们夺取了一部分军队。旧史说李隆基『乃分后军二千人及飞龙厩马从太子』。疑这部分军队就是飞龙厩的军队，也即是李辅国用以发动马嵬驿政变的军队。李辅国原是飞龙厩小儿，所以他能利用它。

李隆基是六月十二日（乙未）凌晨仓皇从长安逃出的。次日（十三日丙申）到达马嵬驿。当天李辅国等就发动兵变。再次日（十四日丁酉）李亨就与李隆基分道北行。七月九日（辛酉）到达灵武。次日（十日壬戌）裴冕、杜鸿渐等就上表劝进。隔一天（十二日甲子）李亨就自立为帝。从马嵬驿起身到此不过只二十八日。专制时代，太子不得皇帝传位就自立，是绝对不被许可的。李亨为什么敢这样迫不及待地自立为帝呢？这就因为他们发动马嵬驿事变，他已背叛他的父亲，势非如此不可。

李亨自立为帝，史称是由裴冕、杜鸿渐等劝进。这也是不确实的。这样重大的事情决不是裴冕、杜鸿渐等所敢为的。这也出之李辅国。旧唐书李辅国传云：『从至灵武，劝太子即帝位以系人心。』裴冕、杜鸿渐等劝进只是骗人的形式而已。

从马嵬驿发动政变，杀死宰相杨国忠，逼李隆基杀杨贵妃，后又夺兵北走，到灵武自立为帝，这都是子逼『君父』，是篡窃。在专制时代，这是『大逆不道』，是大不孝。这对李亨来说，是极不光彩的事。为要掩盖这种罪行，这就必须假造一些谎言以蒙蔽百姓。说马嵬驿事件是陈玄礼发动的，夺兵北走是百姓请留，灵武自立是裴冕、杜鸿渐等劝进。杜甫北征云：『忆昨狼狈初，事与古先别。奸臣竞葅醢，同恶随荡析。不闻夏殷衰，中自诛褒妲？周汉获再兴，宣光果明哲。桓桓陈将军，仗钺奋忠烈。微尔人尽非，于今国犹活。』这是述马嵬驿事件的。这首诗是至德二年八月作的。此时距马嵬驿事件发生才一年多一点。可知当时就传说马嵬驿事件是陈玄礼发动的了。

李亨、李辅国等为什么要发动这次兵变呢？这乃是由于统治集团内部权力斗争。李亨自从立为太子后，长期以来一直受到迫害。最初李林甫当权，想陷害他。后来杨国忠当权，杨贵妃宠幸，他仍受威胁。他几乎时刻处在危险之中。李隆基、杨贵妃、杨国忠等仓皇从长安逃出，是狼狈不堪的。这对李亨来讲，是除掉杨国忠的最好的机会。因此他发动了这次马嵬驿事变。

李隆基最初宠幸赵丽妃，立丽妃的儿子瑛为太子。及即位为帝后，又宠幸武惠妃。因而又喜爱武惠妃的儿子寿王瑁。当时李林甫为相，为要巩固他的权位，欲结好武惠妃，暗中通过宦官向武惠妃示意，愿拥护寿王瑁为太子。因此他们就诬陷太子瑛，终于把他废掉。太子瑛既废之后，李林甫屡劝李隆基立李瑁为太子。李隆基没有接受他的意见。李隆基以忠王玙（即李亨。初名玙，后改名亨）年长，听高力士的话，立为太子。李林甫立李瑁的阴谋没有成功，深恐将来对自己不利，总想要把太子亨废掉。他几次兴大狱，想借以株连太子亨。

太子亨妃兄韦坚因通江淮漕运有成绩，为李隆基所信任，有入相的希望。韦坚又与左相李适之善。李林甫想排斥李适之。李林甫要专权，凡是有为宰相可能的和能与他争权的，他都嫉恨。所以他恨韦坚和李适之。陇右节度使皇甫惟明曾为忠王（即李亨）友。天宝五年惟明破吐蕃，回长安献捷。看到李林甫专权，劝李隆基把他免掉。李林甫得知，派他的亲信杨慎矜密伺他们的行动。当时刚好遇到正月十五元宵节。夜，李亨出来游玩，见到韦坚。韦坚又与皇甫惟明在景龙观道士处相遇，杨慎矜即告发其事，说韦坚是外戚，不应与边将狎近。李林甫便诬奏韦坚与皇甫惟明结谋，欲奉立太子。韦坚和皇甫惟明都遭贬黜。李亨与韦妃离婚，才得无事。

李亨妃杜良娣的父亲杜有邻，他的女婿柳勣与他不和。柳勣为陷害杜有邻，制造谣言，诬告他『妄称图谶，交构东宫，指斥乘舆。』李林甫逮捕杜有邻和柳勣，皆杖死。李林甫平日所不喜欢的名士李邕，裴敦复、王曾等，都株连杖死。李亨又被迫与杜良娣离婚。

王忠嗣是当时的名将。他为河西、陇右节度使兼朔方、河东节度使。所居都是北边边防重地，劲兵所在。李林甫以王忠嗣功名日盛，怕他入为宰相，妒忌他。开元二十九年，吐蕃入寇，攻陷石堡城（西宁西南）。天宝六年，李隆基命王忠嗣攻石堡城。王忠嗣以石堡城险固，吐蕃举国防守，若要攻下，非牺牲几万人不可，要求等待有机会再说。李隆基不愉快。王忠嗣部将董延光自请攻取石堡城。李隆基命王忠嗣分兵援接。王忠嗣不得已出兵。但他认为石堡城之得失无关大局。得到石堡城仍旧不能制服吐蕃，失去石堡城也于国无碍，不愿牺牲几万人去争夺。因之对董延光出兵，不立重赏。董延光果然没有攻下石堡城。董延光说王忠嗣阻挠军计。李隆基听了大怒。李林甫又以为有机可乘，令人诬告王忠嗣，说他幼年时养于宫中，『与忠王相狎爱，欲拥兵尊奉太子为帝。』以此陷害李亨。幸李隆基不相信李亨与外人通，李林甫的阴谋才未得逞。而忠嗣则贬为汉阳太守。

史称李林甫屡起大狱，别置推事院于长安，以杨钊（杨国忠）为御史。『有微涉东宫者皆指挝使之奏劾』，幸张垍和高力士在李隆基前保护李亨，李林甫才未能离间李亨和李隆基之间的关系。

姚汝能安禄山事迹云：『林甫危害肃宗，召禄山，思作乱，约令其子引兵来。』如此话属实，则李林甫更要想借安禄山的武力来废掉李亨了。

李林甫是处心积虑地要把李亨废掉，用各种手段陷害他。所以李林甫当权时，他一直在危惧之中。

李林甫死后，杨国忠当权。杨国忠是参加过李林甫谋害李亨的。而以杨贵妃宠幸，杨氏的势力更是煊赫。李亨与杨国忠之间，矛盾仍是尖锐的。他仍旧危险。安禄山攻陷洛阳，李隆基要亲征，命太子亨监国。杨国忠大惧，和韩、虢、秦三夫人说，太子一旦为帝，他们就没有命了。叫她们求杨贵妃向李隆基说，事乃作罢，就说明了这一点。

李亨长期以来受李林甫和杨国忠的迫害，处在这样危险的状态中，自是时刻惴惴不安。李隆基、杨国忠仓皇从长安逃出，此时杨国忠丧失权力了。同时，自李林甫专政以来，由于他排斥打击异己，朝政日益混乱。及至杨国忠当权，李隆基宠幸杨贵妃，政治更加腐败，以致酿成安禄山之祸，人民对他们无比痛恨。所以李亨乘此机会杀掉杨国忠、杨贵妃，把杨氏的势力消灭掉，夺取政权。马嵬驿事变发生的根本原因即在于此。

唐自中叶以后，朝廷权力逐渐落入宦官之手。这一转变或以为始于鱼朝恩为观军容使，或以为始于窦文场和霍仙鸣掌禁军。我以为这个转变应是从李辅国开始。而这一转变的关键就是李辅国发动马嵬驿事变和劝李亨自立为帝。

李辅国发动了马嵬驿兵变，杀了杨国忠和杨贵妃，劝李亨夺兵北走，又劝李亨自立为皇帝，对李亨来说，他是有大功的。如果不像旧时那样对宦官总是抱有成见，以为宦官都是『小人』，或者也不以后来李辅国专权而对他一切都否定，我以为他这段历史不但对李亨，对唐也不为无功。新唐书李辅国传云：『陈玄礼等诛杨国忠，辅国豫谋。又劝太子分中军趋朔方，收河陇兵，图兴复。太子至灵武，愈亲近，劝遂即位系天下心。』在当时的情况下，这个计划应该说是正确的。李隆基仓皇从长安逃出，狼狈不堪。接着长安失守，唐官员四处逃窜，有的投降了安禄山。此时，唐朝廷可以说已经崩溃了。在这非常危急严重的时刻，最重要的应是尽快选择一个适当的地方，建立新的朝廷，指挥抗击安禄山。如此时李亨随李隆基逃往成都，路途遥远，及至成都再定下来建立新朝廷，必将迁延时日（李隆基从马嵬驿起程到成都共行四十四日）。在这期间，人心就有离散的危险，各地的将领和地方官无所适从，也将有叛降安禄山的可能。在这样的情况下，安禄山乘胜追击，唐政权就有覆灭的危险。同时，当时唐重兵是在北方。唐赖以抵抗安禄山者主要的是河东、朔方、河西、陇右等镇。如新朝廷远在成都，指挥不便，也必定影响军事。李亨分兵北走，到了灵武就自立为帝，这中间为时不过二十八日，很迅速地建立一个新的政权领导中心，确实维系了人心，稳定了局势。史称：『自上离马嵬北行，民间相传太子北收兵来取长安，长安民日夜望之，或时相惊曰：「太子大军至矣！」则皆走，市里为空。……京畿豪杰往往杀贼官吏，遥应官军；诛而复起，相继不绝，贼不能制。其始自京畿、鄜、坊，至于岐、陇，皆附之，至是西门之外率为敌垒，贼兵所及者，南不出武关，北不过云阳，西不过武功。』（通鉴唐纪卷三十四）可见李亨北行，消息传到民间，很快就起了振奋人心的作用。李亨即位后不过十多天，西北主要将领郭子仪、李光弼就率兵来到灵武。其后河西、安西的军队也相继到达，力量强起来，局势也就扭转过来了。史称：『郭子仪等将兵五万自河北至灵武，灵武军威始盛，人有兴复之望矣。』（通鉴唐纪卷三十四）局势由此日益稳定，奠定了击败安禄山、史思明，兴复唐政权的基础。

由于李辅国有这样的功劳，李亨自立以后，他就与闻政治。李亨以太子、广平王俶为天下兵马元帅，而以李辅国为判元帅府行军司马，四方章奏、军符都由他掌管。及长安收复，又命他掌禁军。凡皇帝的制敕必经他押署然后施行，宰相百官奏事也都要通过他。这样，他的权力就更大，凌驾于宰相之上。就在这时候，又设置观军容使，在军队里普遍派宦官监军，于是军队也受宦官控制。宦官的权力由此便大起来。李亨病重，张皇后以李辅国专权，与越王李系、兖王李僩及宦官段恒俊、朱光辉合谋，欲诛李辅国。李辅国与宦官程元振杀张皇后及李系、李僩等。宦官以武力争权，从此开始。代宗李俶即位，李辅国更专横跋扈，事无大小都要关白他，李辅国之后又有程元振，他也掌禁军，专权。自此以后，宦官权力日益增大，最后大权便全入他们手中。

原载安徽师大学报（哲学社会科学版）1980年第4期，第80—84页

春鬘
婺文
来
轄
涅

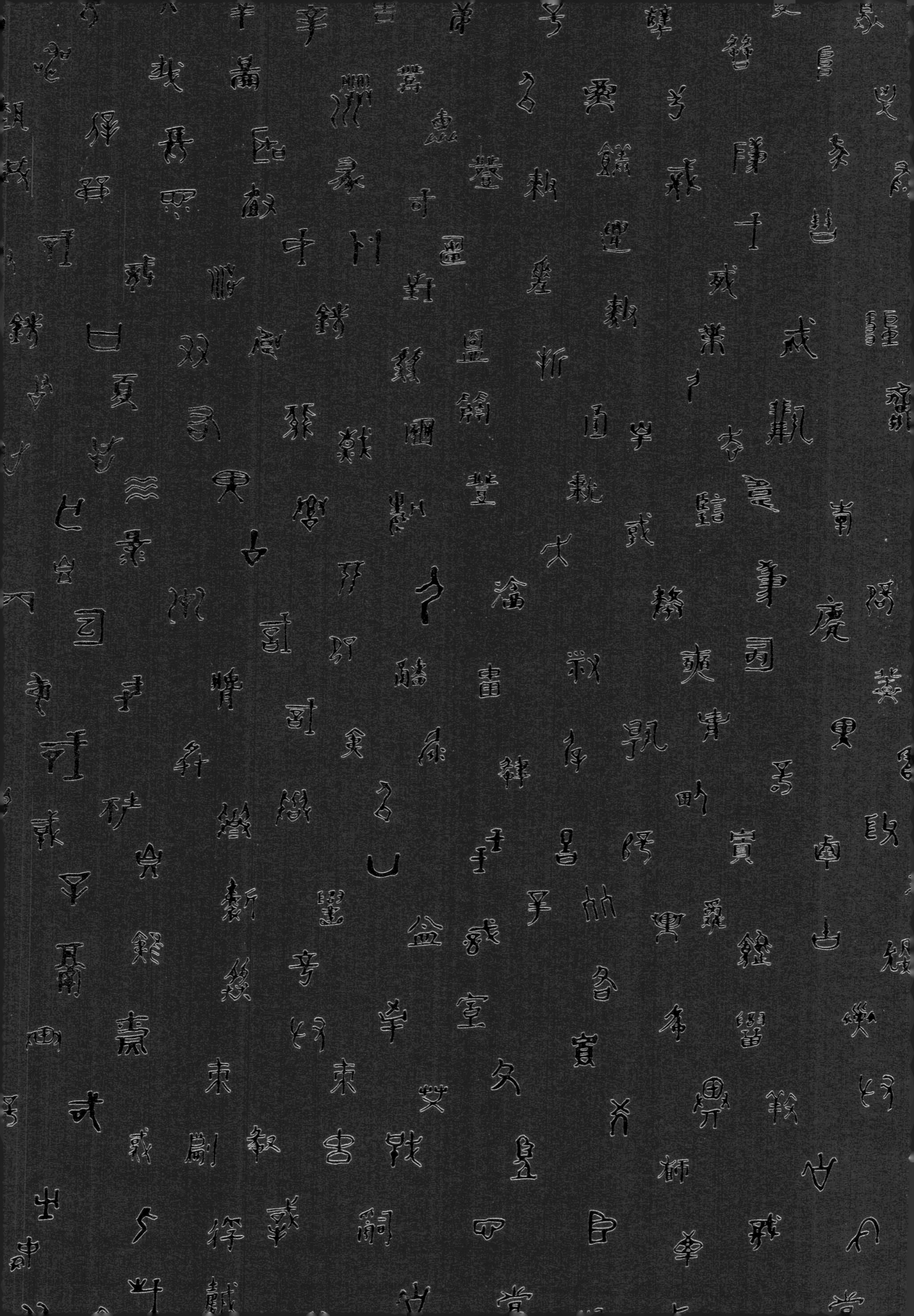